7 I

Newton PLUS

Arbeitsheft

Realschule Bayern

Physik

Lösungen

Oldenbourg

Autorinnen und Autoren: Martina Flierl-Biederer (Baldham), Felicitas Herdel (Baldham), Markus Volke (München), Martin Zimmer (Höchberg)

Redaktion: Stefanie Pfeifer

Illustration: Gregor Mecklenburg, Matthias Pflügner

Grafik: Walther-Maria Scheid

Gesamtgestaltung: Studio SYBERG

Technische Umsetzung: krauß-verlagsservice, Ederheim/Hürnheim

Bei den Lösungen in diesem Einleger handelt es sich um Lösungsvorschläge. In einigen Fällen sind auch andere Lösungsvarianten möglich.

www.cornelsen.de

1. Auflage, 2. Druck 2022

Alle Drucke dieser Auflage sind inhaltlich unverändert und können im Unterricht nebeneinander verwendet werden.

© 2019 Cornelsen Verlag GmbH, Berlin

Druck: Athesiadruck GmbH

ISBN: 978-3-637-01486-2

PEFC zertifiziert
Dieses Produkt stammt aus nachhaltig bewirtschafteten Wäldern und kontrollierten Quellen.
www.pefc.de

PEFC/18-31-166

Inhalt

Grundlagen des Messens

Vorsatzzeichen

1 a) Ergänze die Lücken in der folgenden Tabelle:

Vorsatzzeichen	Vorsatzname	Zahlenwert	Zehnerpotenz
m	Milli	$\frac{1}{1000}$	10^{-3}
M	Mega	1000000	10^{6}
μ	Mikro	$\frac{1}{1000000}$	10^{-6}
n	Nano	$\frac{1}{1000000000}$	10^{-9}

b) Ordne die Längenangaben zu und schreibe sie mit Vorsatzzeichen in die letzte Spalte.

$12{,}74 \cdot 10^{6}$ m	Zelle	**12,74 Mm**
$53 \cdot 10^{-12}$ m	Atom	**53 pm**
$15 \cdot 10^{-6}$ m	Mittlere Entfernung zwischen Erde und Sonne	**15 μm**
$0{,}1495 \cdot 10^{12}$ m	Mittlerer Durchmesser der Erde	**0,1495 Tm**

Einheiten umwandeln

2 a) Rechne jeweils in die angegebene Einheit um.

$2{,}6\ h = \underline{2{,}0 \cdot 3600\ s + 0{,}6 \cdot 3600\ s} = \underline{94 \cdot 10^{2}}$ s

$1{,}0\ h{:}50\ min = \underline{1{,}0 \cdot 60\ min + 50\ min} = \underline{11 \cdot 10^{1}}$ min

$1{,}5\ h = \underline{1{,}0 \cdot 60\ min + 0{,}5 \cdot 60\ min} = \underline{90}$ min

$1{,}0\ h{:}25\ min = \underline{1{,}0 \cdot 3600\ s + 25 \cdot 60\ s} = \underline{51 \cdot 10^{2}}$ s

b) Ergänze die Lücken.

$8{,}691\ m = \underline{8691}$ mm $= 869{,}1\ cm$

$57 \cdot 10^{-3}\ m = \underline{57}$ mm $= 57 \cdot 10^{3}\ μm$

$1{,}25 \cdot 10^{6}\ mm = \underline{1250}\ m = 1{,}25$ km

$5{,}6\ ms = \underline{0{,}0056}$ s

$0{,}045\ s = \underline{45}$ ms

$95\ ps = \underline{0{,}000\,000\,000\,095}$ s

Längenmessgeräte

3 Verbinde die folgenden Messungen jeweils mit dem sinnvollsten Längenmessgerät:

Dicke eines Bleches	Länge eines Tisches	Breite einer Postkarte	Weite beim Kugelstoßen

Meterstab	Maßband	Messschraube	Geodreieck

Vermessung des Schulhofs

4 Sechs Schüler haben jeweils die Länge des Schulhofs gemessen:

Schüler	Micha	Aleyna	Mila	Miro	Tina	Toni
l in m	45,345	44,844	46,446	46,543	45,302	45,784

a) Gib die Messgenauigkeit der Schulhofmessung und das verwendete Messgerät an.

Es wurde auf mm genau gemessen, vermutlich mit einem Meterstab.

b) Bewerte die Auswahl des Messgeräts und die Messgenauigkeit kritisch. Gib ein Messgerät mit einer Messgenauigkeit an, die sinnvoller ist.

Die Messgenauigkeit ist für die Vermessung der Länge des Schulhofs zu hoch.

Die Messmethode führt zu Abweichungen, die zu groß sind. Es ist sinnvoller, ein Maßband mit einer Messgenauigkeit von 1 cm zu verwenden.

c) Die Schüler wiederholen ihre Messung mit einem anderen Messgerät und erhalten die folgenden Werte:

Schüler	Micha	Aleyna	Mila	Miro	Tina	Toni
l in m	45,64	45,74	45,73	45,70	45,68	45,70

Gib jeweils die Anzahl der sicheren, unsicheren und sinnvollen Ziffern an.

	Sichere Z.	Unsichere Z.	Sinnvolle Z.
Miro hat eine Länge von 45,70 m gemessen.	3	1	4
Mila gibt ihren Wert in der Einheit km an: $l = 0{,}04573$ km.	3	1	4
Toni rechnet seinen Messwert in die Einheit dm um und gibt ihn so an: $l = 457$ dm.	2	1	3

d) Bewerte Tonis Angabe kritisch und stelle sie richtig.

Mit der Umwandlung verringert Toni die Messgenauigkeit seines Messwerts von cm – genau auf dm – genau. Er hätte angeben müssen: l = 457,0 dm.

e) Berechne die wahrscheinlichste Länge des Schulhofs.

$$\bar{l} = \frac{(45{,}64 + 45{,}74 + 45{,}73 + 45{,}70 + 45{,}68 + 45{,}70)\ m}{6}$$

$$\Leftrightarrow \bar{l} = 45{,}70\ m$$

f) Begründe, warum die Angabe $\bar{l}$ = 45,698 m hier physikalisch nicht sinnvoll wäre.

Diese Angabe ist mm genau. Es wurde aber nur auf cm genau gemessen.

Die Angabe weicht also von der Messgenauigkeit des verwendeten Messgeräts ab.

Geschwindigkeit

① Merksatz

☐ Fülle die Lücken so, dass ein sinnvoller Merksatz entsteht.

Eine Bewegung, bei der in gleichen Zeiten gleiche Strecken zurückgelegt werden, nennt man _(geradlinig) gleichförmige Bewegung_. Die Strecke s ist hierbei _direkt_ _proportional_ zur Zeit t.

② Schrecksekunde

Ein Mann fährt mit seinem Auto auf der Straße. Plötzlich sieht er einen Ball über die Fahrbahn rollen. Ein Kind läuft hinterher. Der Mann tritt sofort das Bremspedal zur Vollbremsung durch. Zwischen dem Beobachten des Vorfalls und dem Treten der Bremse ist jedoch bereits eine sogenannte Schrecksekunde (t = 1,0 s) vergangen.

☑ Berechne, wie weit das Auto in dieser Schrecksekunde gefahren ist, wenn es eine Geschwindigkeit von 50 $\frac{km}{h}$ hatte.

Geg.: $v = 50 \frac{km}{h}$

$t = 1,0\,s$

Ges.: s

$$v = \frac{s}{t} \quad \Big| \cdot t$$
$$s = v \cdot t$$
$$\Leftrightarrow s = 50 \frac{km}{h} \cdot 1,0\,s$$
$$\Leftrightarrow s = \frac{50 \frac{m}{s}}{3,6} \cdot 1,0\,s$$
$$\Leftrightarrow s = 14\,m$$

Er ist in dieser Schrecksekunde 14 m gefahren.

③ Geschwindigkeiten messen

☑ Tina und Stefan wollen wissen, welche Durchschnittsgeschwindigkeit sie beim Ausdauerlauf im Fußball haben. Erkläre, wieso beide mit ihrer Methode die Durchschnittsgeschwindigkeit bestimmen können.

Tina: Ich gebe dir einen Weg von 50 Metern vor und stoppe mit meiner Stoppuhr, wie lange du dafür brauchst.

Stefan: Ich lasse dich 2 Minuten laufen und messe dann mit einem Maßband, wie weit du gelaufen bist.

Beide haben nach ihrer Messung eine Weg- und eine Zeitangabe. Daraus können sie mit der Formel $v = \frac{s}{t}$ jeweils die Durchschnittsgeschwindigkeit bestimmen.

---

④ Geschwindigkeiten verstehen

☑ Lydia trainiert auf einem Laufband im Fitnessstudio. Sie hat sich folgende Sachverhalte überlegt. Kreuze an, welche ihrer Aussagen richtig (r) und welche falsch (f) sind.

Aussagen	r	f
1 Wenn ich bei gleicher Geschwindigkeit dreimal so lange laufe, habe ich die dreifache Strecke zurückgelegt.	x	
2 Wenn ich die doppelte Strecke in gleicher Zeit zurücklege, hat sich meine Geschwindigkeit halbiert.		x
3 Wenn ich die halbe Strecke in der halben Zeit zurücklege, ist meine Geschwindigkeit gleich geblieben.	x	
4 Laufe ich bei halber Geschwindigkeit doppelt so lange, so habe ich dieselbe Strecke zurückgelegt.		x

⑤ Personenförderband

In einem Skigebiet befördert ein „Zauberteppich" die Skifahrer den Anfängerhang hinauf. Max möchte die Geschwindigkeit des Zauberteppichs bestimmen. Er misst dazu für verschiedene Zeiten t die zurückgelegte Strecke s und erhält die unten stehenden Messwerte.

a ☑ Ermittle die Geschwindigkeit des Zauberteppichs. Werte dazu die Messwerte rechnerisch aus.

t in s	0	1,0	2,0	3,0	4,0	5,0	6,0	7,0	8,0
s in m	0	0,75	1,4	2,2	3,0	3,8	4,5	5,2	6,1
$\frac{s}{t}$ in $\frac{m}{s}$	–	0,75	0,70	0,73	0,75	0,76	0,75	0,74	0,76

$$\overline{\left(\frac{s}{t}\right)} = \frac{0,75 + 0,70 + 0,73 + 0,75 + 0,76 + 0,75 + 0,74 + 0,76}{8}\,\frac{m}{s} = 0,74\,\frac{m}{s}$$

Der Zauberteppich bewegt sich mit einer Geschwindigkeit von 0,74 $\frac{m}{s}$.

b ☑ Stelle die zurückgelegten Strecken s in Abhängigkeit von der Zeit t grafisch dar.

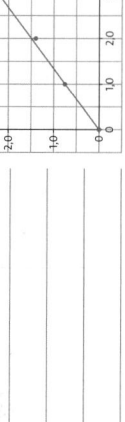

c ☐ Formuliere das Versuchsergebnis, das sich aus dem Diagramm ergibt.

Die Strecke s ist direkt proportional zur Zeit t.

Prüfungsvorbereitung

Fadenpendel

1

Die nebenstehende Grafik zeigt ein Fadenpendel.

a Gib an, von welchen Größen die Schwingungsdauer abhängt und von welchen nicht.

Die Schwingungsdauer hängt von der Fadenlänge ab.

Sie hängt nicht vom Gewicht des Pendelkörpers oder von der größten Auslenkung (Amplitude) ab.

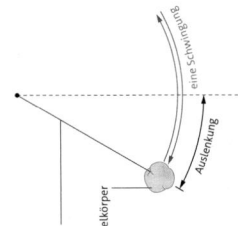

b Du sollst ein Fadenpendel herstellen, mit dem die Zeit in der Einheit Sekunde gemessen werden kann. Beschreibe, wie du vorgehen musst.

Ich lasse ein Fadenpendel bestimmter Länge 10-mal hin- und herschwingen und messe mit einer sekundengenauen Stoppuhr die dafür benötigte Zeit. Die Schwingungsdauer beträgt dann $\frac{1}{10}$ der bestimmten Zeit. Ist diese zu klein, muss die Pendellänge vergrößert, sonst verkleinert werden. Den Vorgang wiederhole ich so lange, bis die Schwingungsdauer genau 1 s beträgt.

Zeitmessung

2

Begründe, warum sich der gezeigte Vorgang dazu eignet, um die Zeit zu messen.

Eine bestimmte Menge Sand braucht immer die gleiche Zeit, um durch die Öffnung einer Sanduhr zu laufen.

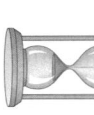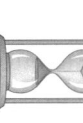

Schneesturm in New York

3

Bewerte die Angabe der Schneehöhe im nebenstehenden Zeitungsartikel aus physikalischer Sicht.

Die Angabe ist viel zu genau. Die Schneehöhe ist nicht überall gleich und kann nicht auf 0,1 mm genau gemessen werden.

> **New York, 12. Januar** · Ein heftiger Schneesturm hat der Stadt eine Schneehöhe in Rekordzeit beschert. Im Central Park lag der Schnee 68,33 Zentimeter hoch. Wegen des Blizzards mussten …

Durchmesser eines Tennisballs

4

Der Durchmesser eines Tennisballs wurde 5-mal so genau wie möglich gemessen:

d in cm	6,33	6,35	6,31	6,34	6,39

a Mit welchem Messgerät wurden die Messungen durchgeführt? Begründe deine Angabe.

Die Messungen wurden mit einem Messschieber durchgeführt. Mit einem Messschieber kann auf 0,1 mm (0,01 cm) genau gemessen werden.

b Berechne den wahrscheinlichsten Durchmesser des Tennisballs.

$$\bar{d} = \frac{(6{,}33 + 6{,}35 + 6{,}31 + 6{,}34 + 6{,}39)}{5} \; cm$$

$$\Leftrightarrow \bar{d} = 6{,}34 \; cm$$

c Nenne zwei mögliche Gründe für die unterschiedlichen Messwerte.

Die Messbacken des Messschiebers wurden unterschiedlich fest angepresst.

Der Durchmesser wurde an verschiedenen Stellen gemessen.

Längen umrechnen

5

Gib die jeweilige Längenangabe mit dem in Klammern angegebenen Vorsatzzeichen an.

$l = 0{,}00034$ m (μ): $l = 34 \; \mu m$ $l = 5\,634$ cm (k): $l = 0{,}05634 \; km$

$l = 780 \cdot 10^{-9}$ m (n): $l = 780 \; nm$ $l = 0{,}560 \; \mu m$ (n): $l = 560 \; nm$

t-s-Diagramm

6

Das Diagramm zeigt den Zusammenhang zwischen zurückgelegter Strecke und Zeit bei einem Spaziergang. Bestimme mithilfe des Diagramms die mittlere Geschwindigkeit v des Spaziergängers.

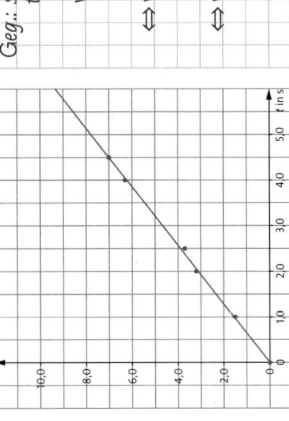

Geg.: $s = 7{,}0$ m   Ges.: v
$t = 4{,}5$ s

$$v = \frac{s}{t}$$

$$\Leftrightarrow v = \frac{7{,}0 \; m}{4{,}5 \; s}$$

$$\Leftrightarrow v = 1{,}6 \; \frac{m}{s}$$

Inhalt

Die Aufgaben in diesem Heft sind mit leicht □, mittel ◩ und schwer ■ gekennzeichnet.

Eine Übersicht über die verwendeten Operatoren und ihre Bedeutung findest du auf der letzten Seite in diesem Heft.

Grundlagen des Messens

1 **Vorsatzzeichen**

a ☐ Ergänze die Lücken in der folgenden Tabelle:

Vorsatzzeichen	Vorsatzname	Zahlenwert	Zehnerpotenz
m		$\frac{1}{1000}$	10^{-3}
		1 000 000	10^{6}
			10^{-6}
	Nano		10^{-9}

b ☑ Ordne die Längenangaben zu und schreibe sie mit Vorsatzzeichen in die letzte Spalte.

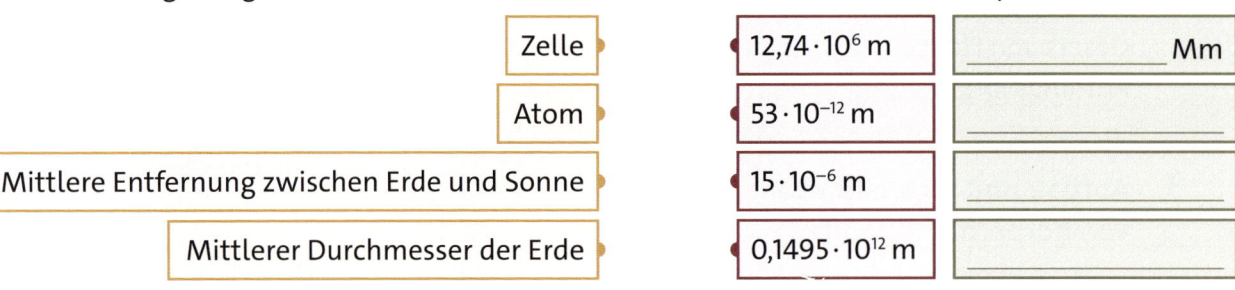

Zelle ▸ ◂ $12{,}74 \cdot 10^{6}$ m _____ Mm

Atom ▸ ◂ $53 \cdot 10^{-12}$ m _____

Mittlere Entfernung zwischen Erde und Sonne ▸ ◂ $15 \cdot 10^{-6}$ m _____

Mittlerer Durchmesser der Erde ▸ ◂ $0{,}1495 \cdot 10^{12}$ m _____

2 **Einheiten umwandeln**

a ☑ Rechne jeweils in die angegebene Einheit um.

2,6 h $\quad = \underline{\textit{2,0} \cdot \textit{3600 s} + \textit{0,6} \cdot \textit{3600 s}} = $ _____ s

1,0 h : 50 min = _____ = _____ min

1,5 h $\quad = $ _____ = _____ min

1,0 h : 25 min = _____ = _____ s

b ☑ Ergänze die Lücken.

8,691 m $\quad = $ _____ mm = 869,1 _____   5,6 ms $\quad = $ _____ s

$57 \cdot 10^{-3}$ m $\quad = $ _____ mm = $57 \cdot 10^{3}$ _____   0,045 s $= $ _____ ms

$1{,}25 \cdot 10^{6}$ mm = 1250 _____ $\quad = $ _____ km   95 ps $\quad = $ _____ s

3 **Längenmessgeräte**

☐ Verbinde die folgenden Messungen jeweils mit dem sinnvollsten Längenmessgerät:

Dicke eines Bleches   Länge eines Tisches   Breite einer Postkarte   Weite beim Kugelstoßen

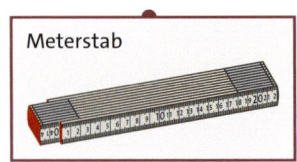

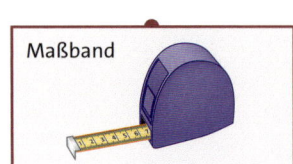

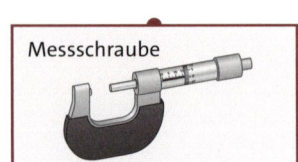

Meterstab   Maßband   Messschraube   Geodreieck

4 **Vermessung des Schulhofs**

Sechs Schüler haben jeweils die Länge des Schulhofs gemessen:

Schüler	Micha	Aleyna	Mila	Miro	Tina	Toni
l in m	45,345	44,844	46,446	46,543	45,302	45,784

a ☐ Gib die Messgenauigkeit der Schulhofmessung und das verwendete Messgerät an.

_____

b ◼ Bewerte die Auswahl des Messgeräts und die Messgenauigkeit kritisch.
Gib ein Messgerät mit einer Messgenauigkeit an, die sinnvoller ist.

_____

_____

c ☑ Die Schüler wiederholen ihre Messung mit einem anderen Messgerät und erhalten die folgenden Werte:

Schüler	Micha	Aleyna	Mila	Miro	Tina	Toni
l in m	45,64	45,74	45,73	45,70	45,68	45,70

Gib jeweils die Anzahl der sicheren, unsicheren und sinnvollen Ziffern an.

	Sichere Z.	Unsichere Z.	Sinnvolle Z.
Miro hat eine Länge von 45,70 m gemessen.	3		
Mila gibt ihren Wert in der Einheit km an: $l = 0{,}045\,73$ km.			
Toni rechnet seinen Messwert in die Einheit dm um und gibt ihn so an: $l = 457$ dm.			

d ◼ Bewerte Tonis Angabe kritisch und stelle sie richtig.

_____

_____

e ☑ Berechne die wahrscheinlichste Länge des Schulhofs.

f ◼ Begründe, warum die Angabe $\bar{l} = 45{,}698$ m hier physikalisch nicht sinnvoll wäre.

_____

_____

Geschwindigkeit

1 **Merksatz**

☐ Fülle die Lücken so, dass ein sinnvoller Merksatz entsteht.

Eine Bewegung, bei der in gleichen Zeiten gleiche Strecken zurückgelegt werden, nennt man

_____ . Die Strecke s ist hierbei _____

_____ zur Zeit t.

2 **Schrecksekunde**

Ein Mann fährt mit seinem Auto auf der Straße. Plötzlich sieht er einen Ball über die Fahrbahn rollen. Ein Kind läuft hinterher. Der Mann tritt sofort das Bremspedal zur Vollbremsung durch. Zwischen dem Beobachten des Vorfalls und dem Treten der Bremse ist jedoch bereits eine sogenannte Schrecksekunde ($t = 1{,}0$ s) vergangen.

◩ Berechne, wie weit das Auto in dieser Schrecksekunde gefahren ist, wenn es eine Geschwindigkeit von 50 $\frac{km}{h}$ hatte.

3 **Geschwindigkeiten messen**

◼ Tina und Stefan wollen wissen, welche Durchschnittsgeschwindigkeit sie beim Ausdauerlauf im Fußball haben. Erkläre, wieso beide mit ihrer Methode die Durchschnittsgeschwindigkeit bestimmen können.

Tina: *Ich gebe dir einen Weg von 50 Metern vor und stoppe mit meiner Stoppuhr, wie lange du dafür brauchst.*

Stefan: *Ich lasse dich 2 Minuten laufen und messe dann mit einem Maßband, wie weit du gelaufen bist.*

4 **Geschwindigkeiten verstehen**

☑ Lydia trainiert auf einem Laufband im Fitnessstudio. Sie hat sich folgende Sachverhalte überlegt. Kreuze an, welche ihrer Aussagen richtig (r) und welche falsch (f) sind.

	Aussagen	r	f
1	Wenn ich bei gleicher Geschwindigkeit dreimal so lange laufe, habe ich die dreifache Strecke zurückgelegt.		
2	Wenn ich die doppelte Strecke in gleicher Zeit zurücklege, hat sich meine Geschwindigkeit halbiert.		
3	Wenn ich die halbe Strecke in der halben Zeit zurücklege, ist meine Geschwindigkeit gleich geblieben.		
4	Laufe ich bei halber Geschwindigkeit doppelt so lange, so habe ich dieselbe Strecke zurückgelegt.		

5 **Personenförderband**

In einem Skigebiet befördert ein „Zauberteppich" die Skifahrer den Anfängerhang hinauf. Max möchte die Geschwindigkeit des Zauberteppichs bestimmen. Er misst dazu für verschiedene Zeiten t die zurückgelegte Strecke s und erhält die unten stehenden Messwerte.

a ☑ Ermittle die Geschwindigkeit des Zauberteppichs. Werte dazu die Messwerte rechnerisch aus.

t in s	0	1,0	2,0	3,0	4,0	5,0	6,0	7,0	8,0
s in m	0	0,75	1,4	2,2	3,0	3,8	4,5	5,2	6,1
$\frac{s}{t}$ in $\frac{m}{s}$									

b ☑ Stelle die zurückgelegten Strecken s in Abhängigkeit von der Zeit t grafisch dar.

c ☐ Formuliere das Versuchsergebnis, das sich aus dem Diagramm ergibt.

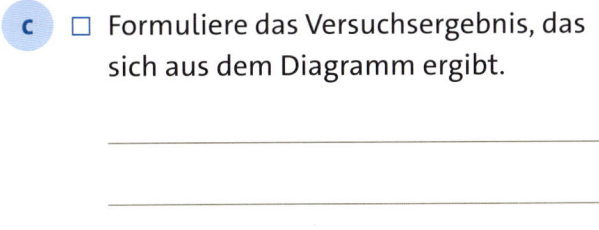

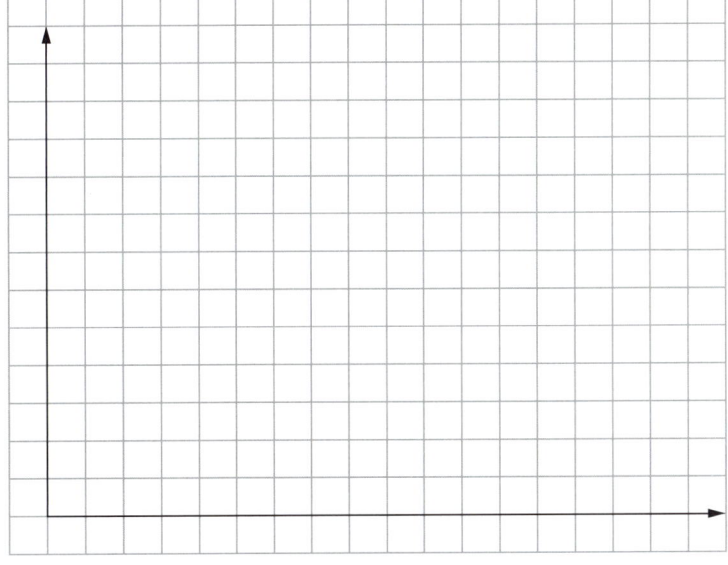

_____

_____

_____

_____

_____

Prüfungsvorbereitung

1 **Fadenpendel**

Die nebenstehende Grafik zeigt ein Fadenpendel.

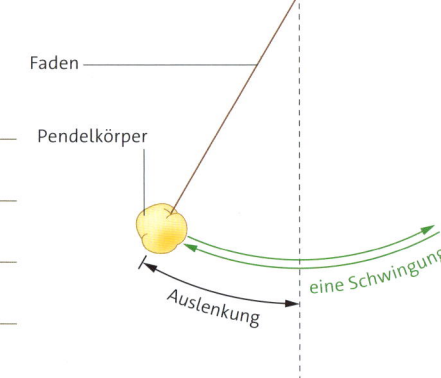

a ◨ Gib an, von welchen Größen die Schwingungsdauer abhängt und von welchen nicht.

_____

_____

_____

_____

b ◨ Du sollst ein Fadenpendel herstellen, mit dem die Zeit in der Einheit Sekunde gemessen werden kann. Beschreibe, wie du vorgehen musst.

_____

_____

_____

_____

_____

_____

_____

2 **Zeitmessung**

◨ Begründe, warum sich der gezeigte Vorgang dazu eignet, um die Zeit zu messen.

_____

_____

_____

3 **Schneesturm in New York**

◼ Bewerte die Angabe der Schneehöhe im nebenstehenden Zeitungsartikel aus physikalischer Sicht.

_____

_____

_____

_____

> **New York, 12. Januar** · Ein heftiger Schneesturm hat der Stadt eine Schneehöhe in Rekordzeit beschert. Im Central Park lag der Schnee 68,33 Zentimeter hoch. Wegen des Blizzards mussten ...

4 **Durchmesser eines Tennisballs**

Der Durchmesser eines Tennisballs wurde 5-mal so genau wie möglich gemessen:

| d in cm | 6,33 | 6,35 | 6,31 | 6,34 | 6,39 |

a ☑ Mit welchem Messgerät wurden die Messungen durchgeführt? Begründe deine Angabe.

_____

_____

b ☑ Berechne den wahrscheinlichsten Durchmesser des Tennisballs.

c ■ Nenne zwei mögliche Gründe für die unterschiedlichen Messwerte.

_____

_____

_____

5 **Längen umrechnen**

☑ Gib die jeweilige Längenangabe mit dem in Klammern angegebenen Vorsatzzeichen an.

l = 0,000 34 m (µ): _____ l = 5 634 cm (k): _____

l = 780 · 10^{-9} m (n): _____ l = 0,560 µm (n): _____

6 **t-s-Diagramm**

■ Das Diagramm zeigt den Zusammenhang zwischen zurückgelegter Strecke und Zeit bei einem Spaziergang. Bestimme mithilfe des Diagramms die mittlere Geschwindigkeit v des Spaziergängers.

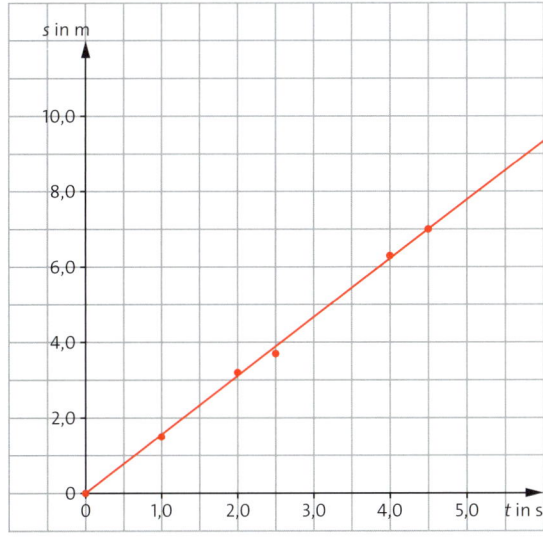

Kraft in der Physik

1   **Alltagssprache – Fachsprache**

a   ☐ Unterstreiche alle Begriffe, die Kräfte im physikalischen Sinne meinen.

Waschkraft · Gravitationskraft · Sehkraft · politische Kraft · Arbeitskraft ·

Gewichtskraft · beschleunigende Kraft · Fachkraft · Durchsetzungskraft

b   ✎ In der Alltagssprache sagt man: „Thomas hat Kraft."
Physikalisch gesehen, kann ein Mensch keine Kraft haben.
Er kann Kräfte ausüben, die auf andere Objekte wirken.
Folgende Aussagen sind physikalisch sinnvoll:

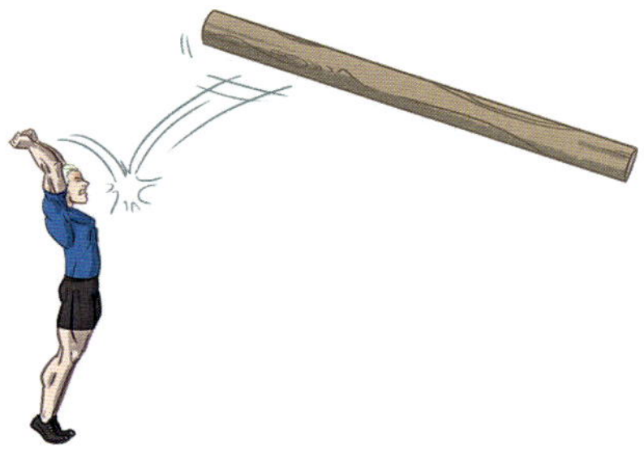

Thomas übt eine Kraft auf den Baumstamm aus.
Die Kraft wirkt auf den Baumstamm: Er wird beschleunigt.

Formuliere physikalisch sinnvolle Aussagen. Halte dabei eine
sinnvolle Reihenfolge der auftretenden Kraftwirkungen ein.

Stabhochspringerin (Stab)

Die Stabhochspringerin übt eine Kraft auf den Stab aus.

Die Kraft wirkt auf den _____ : Er wird _____

Tennisspielerin (Ball)

_____

_____

_____

Torwart (Fussball)

_____

_____

_____

_____

2   **Die physikalische Größe Kraft**

☐ Fülle die Lücken so, dass ein sinnvoller Text entsteht.

Eine Kraft kann man nicht _____. Man kann sie nur an ihren _____ erkennen.

_____ eine Kraft auf einen Körper, kann dies beim Körper zu einer Änderung _____

_____ führen: Er kann _____ oder _____ werden

oder _____ ändern. Auch wenn ein Körper _____ oder _____

verformt wird, ist die _____ hierfür _____, die diese Wirkungen hervorbringt.

3 Kraft – eine vektorielle Größe

🖊 Zeichne qualitativ Kraftpfeile ein, sodass damit die unterschiedlichen Kraftwirkungen auf den Ast dargestellt werden. Achte dazu jeweils auf Position und Länge des Kraftpfeils.

4 Begriffsnetz

🖊 Fülle die folgenden Begriffe in die nebenstehenden Lücken, sodass die Beziehung zwischen den Begriffen deutlich wird:

Erde • Gravitationskraft • Gewichtskraft • Mond • Himmelskörper • Schwere.

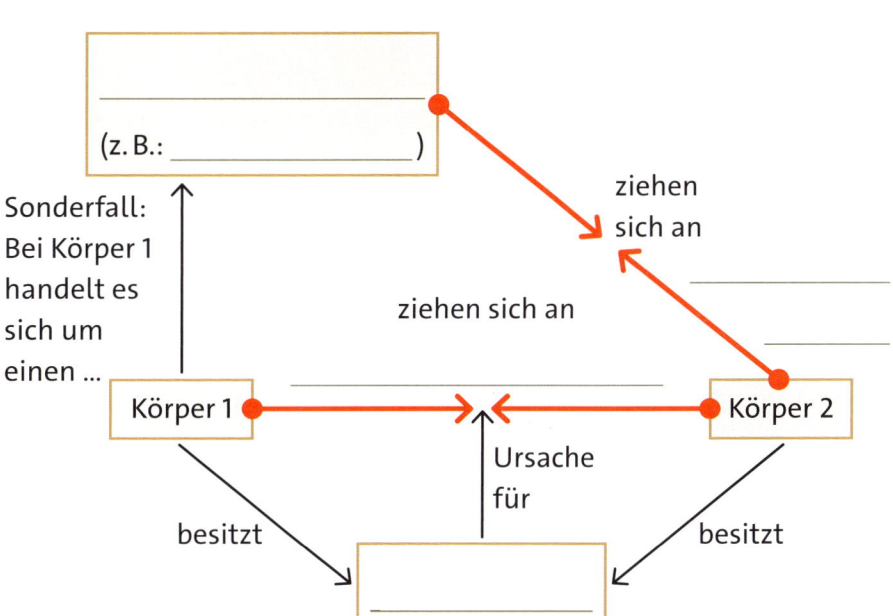

5 Cavendish und die Gravitation

🖊 Beschreibe das Experiment von Cavendish mithilfe der Wortliste und der Wörter im Satzbaukasten. Diese Wörter können mehrmals verwendet werden.

Kugeln • Lichtbündel • Spiegel • Faden • Projektionsfläche

dünner Draht
Spiegel

Zuerst	bringen		den …	klein		
Dann	bewegen	man	die …	groß	an	die …
Dabei	verdrillen	sich	der …	nahe	zu	den …
Dadurch	drehen					

Trägheit und Masse

1 **Jeder Körper ist träge**

◪ Begründe die gezeigten Vorgänge mit der Trägheit der jeweiligen Körper. Befülle dazu die Textlücken. Zeichne und beschreibe im freien Kästchen eine weitere Situation, die mit Trägheit zu tun hat, und begründe sie.

Wenn eine Person im Freefall-Tower nach

unten fällt, ändert sich ihr momentaner

_____. Die Haare be-

halten aufgrund ihrer _____ ihren

ursprünglichen _____

bei. Der Rest des Körpers bewegt sich deshalb

_____ nach unten.

Wenn sich die Kinder mit dem Karussell im

Kreis drehen, _____

_____

_____

_____

_____

Wenn der Fahrradfahrer mit der vorderen

Handbremse bremst, _____

_____

_____

_____

_____

_____

_____

_____

_____

_____

_____

_____

2 **Bewegung eines Flugzeugs**

An einem fliegenden Flugzeug greifen vier Kräfte an.

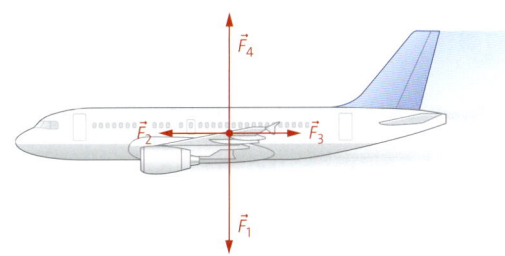

a ☐ Ordne den folgenden Kräften die entsprechende
Nummer im Bild zu:

Antriebskraft: $\vec{F}$ _____   Auftriebskraft: $\vec{F}$ _____

Gewichtskraft: $\vec{F}$ _____   Luftwiderstandskraft: $\vec{F}$ _____

b ◨ Beschreibe die Bewegung des Flugzeugs und begründe diese mit dem Trägheitssatz.

_____

_____

_____

3 **Umwandlung von Einheiten**

☐ Ergänze die Lücken.

5,6 mg = _____ g $57 \cdot 10^{-3}$ _____ = 57 kg = $57 \cdot 10^{3}$ _____

8 691 g = _____ kg = 0,008 691 _____   300 mg = _____ g = _____ $\cdot 10^{-3}$ kg

1894 mg = _____ g = _____ kg   50 mg = _____ g = 0,050 · 10‾ kg = 50 · 10‾ kg

4 **Zwei Wagen**

Zwei Wagen werden unterschiedlich schwer beladen.
Eine Schraubenfeder wird mithilfe von Bremsklötzen
zwischen die Wagen gespannt.

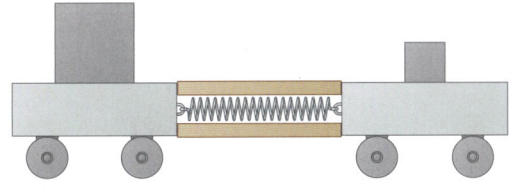

a ◨ Trage in das Bild die Kraftpfeile für die Kräfte ein, die die
Feder auf die beiden Wagen ausübt. Was kann über den
Betrag der Kräfte ausgesagt werden?

_____

b ☐ Kreuze an, was passiert, wenn man die Bremsklötze entfernt.

⭕ Beide Wagen bewegen sich mit gleicher Geschwindigkeit.

⭕ Der Wagen mit der größeren Masse bewegt sich mit größerer Geschwindigkeit.

⭕ Der Wagen mit der kleineren Masse bewegt sich mit größerer Geschwindigkeit.

c ◼ Begründe deine Entscheidung aus Aufgabenteil b.

_____

_____

_____

Kraftmessung und Ortsfaktor

1 **Größe oder Einheit?**

a ☐ Umrande alle Größensymbole in Rot und alle Einheitensymbole in Grün (Dopplungen möglich).

g – F – m – l – s – N – t

b ☐ Benenne alle Größen und Einheiten.

Größen: _____

Einheiten: _____

2 **Rund um den Federkraftmesser**

a ☐ Beschrifte die Bestandteile der Grafik.

b ☑ Beschreibe und begründe die Bedeutung von Bauteil 3.

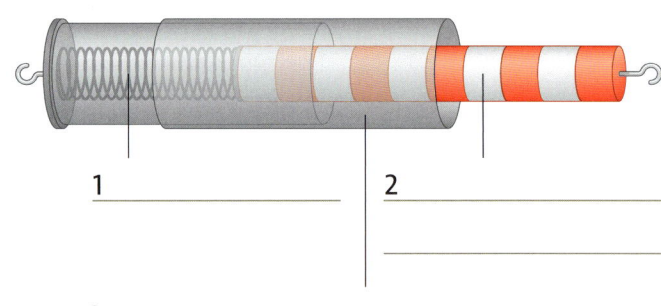

_____   1 _____

_____   2 _____

_____

_____   3 _____

_____

c ☑ Lies den am Kraftmesser angezeigten Wert für den Betrag der Kraft ab. Überlege jedes Mal, wie groß der Betrag der Kraftänderung zwischen zwei Teilstrichen ist.

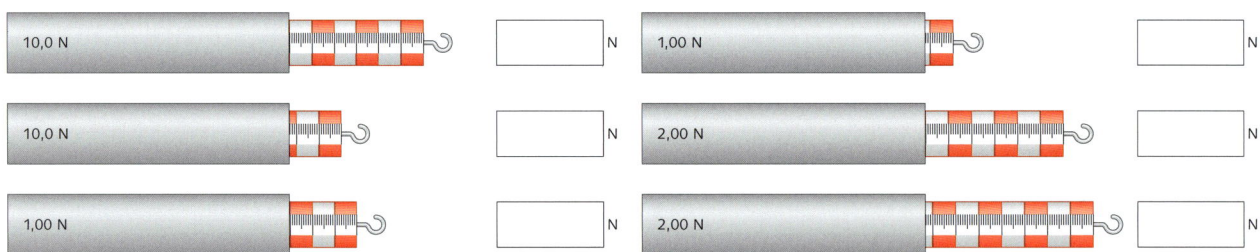

3 **Richtig oder falsch? – Gewichtskraft und Masse**

☐ Kreuze jeweils an, ob die Aussage richtig (r) oder falsch (f) ist.

	Aussage	r	f
1	Gewichtskraft und Masse eines Körpers sind gleich.		
2	Die Gewichtskraft eines Körpers auf der Erde beträgt ca. 600 N, wenn der Körper auf der Erde eine Masse von 60 kg besitzt.		
3	Die Quotienten aus Gewichtskraft und Masse verschiedener Körper sind an einem Ort gleich.		
4	Der Quotient aus Gewichtskraft und Masse eines Körpers ist an jedem Ort gleich.		

4 Rechnen

 Berechne die fehlenden Werte in der Tabelle. Notiere in den Kästchen jeweils den vollständigen Rechenweg.

F_G	m	g
	65 g	$19{,}81 \frac{N}{kg}$
491 N	125 kg	
564 kN		$1{,}62 \frac{N}{kg}$

5 Sätze bilden

 Nutze alle Wortfelder, um sinnvolle Definitionen und Aussagen zu formulieren.

| Newton | Gewichtskraft | Körper erfahren | Kilogramm | ortsunabhängig |

| Waage | Masse | Schwere | Kraft | Federkraftmesser | Trägheit | anziehenden |

| Körpereigenschaften | Körper besitzen | Gravitationskraft | ortsabhängig |

Wechselwirkungskräfte und Kräftegleichgewicht

1 **Wechselwirkungskräfte oder Gleichgewichtskräfte?**

a ☐ Kreuze an, ob es sich in den folgenden Situationen jeweils um Wechselwirkungskräfte oder Gleichgewichtskräfte handelt, und begründe deine Angabe.

Der Kunststoffstab übt die Kraft $\vec{F}_{Stab}$ auf den Wasserstrahl aus. Der Wasserstrahl übt die Kraft $\vec{F}_{Wasser}$ auf den Kunststoffstab aus.

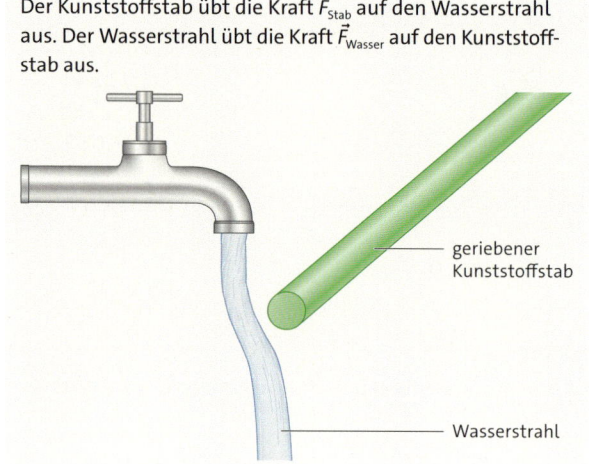

Der Stein wird mit gleichbleibender Geschwindigkeit nach oben bewegt. Der Kran übt dabei eine Haltekraft $\vec{F}_{Halte}$ auf den Stein aus. Die Erde übt eine Gewichtskraft $\vec{F}_G$ auf den Stein aus.

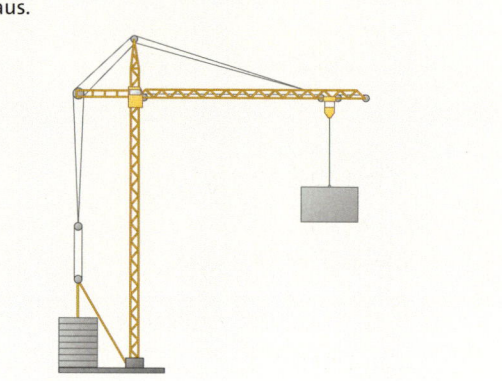

○ Wechselwirkungskräfte

○ Gleichgewichtskräfte

Begründung: _____

_____

_____

○ Wechselwirkungskräfte

○ Gleichgewichtskräfte

Begründung: _____

_____

_____

b ◩ Zeichne jeweils die beiden Kraftpfeile in die Bilder ein.

2 **Kräftegleichgewicht**

■ Die gezeigten Körper befinden sich in Ruhe. Ergänze jeweils die zweite Kraft, mit der sich die eingezeichnete Kraft im Gleichgewicht befindet. Befülle die Lücken so, dass hervorgeht, welcher Körper die von dir eingezeichnete Kraft ausübt und an welchem Körper sie angreift.

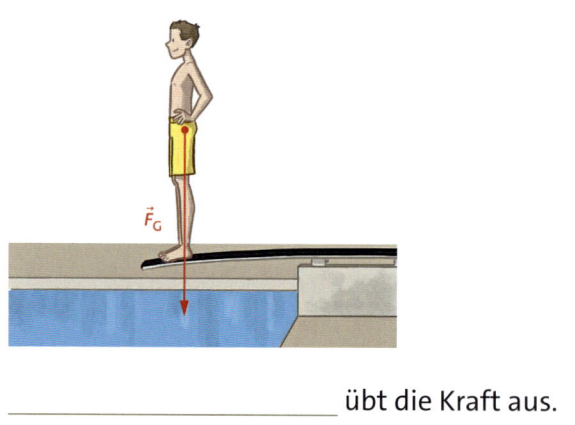

_____ übt die Kraft aus.

Die Kraft greift an _____

an.

_____ übt die

Kraft aus. Die Kraft greift an _____

_____ an.

3 **Wechselwirkungsprinzip**

✐ Zeichne die fehlenden Wechselwirkungskräfte ein. Befülle die Lücken im Text so, dass deutlich wird, wodurch sich der jeweilige Körper im Bild bewegt.

_____ übt eine Kraft auf

_____ aus, sodass sich

diese fortbewegt.

_____ übt eine Kraft auf

_____ aus, sodass es abgebremst

wird.

4 **Federdruckpistole**

In einer Federdruckpistole ist eine Schraubenfeder so gespannt, dass sie von links eine Kraft auf eine Kugel ausübt. Der Abzugshebel übt eine Kraft von rechts auf die Kugel aus. Michael hat das Kräftegleichgewicht wie folgt dargestellt:

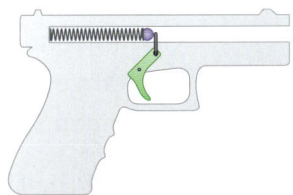

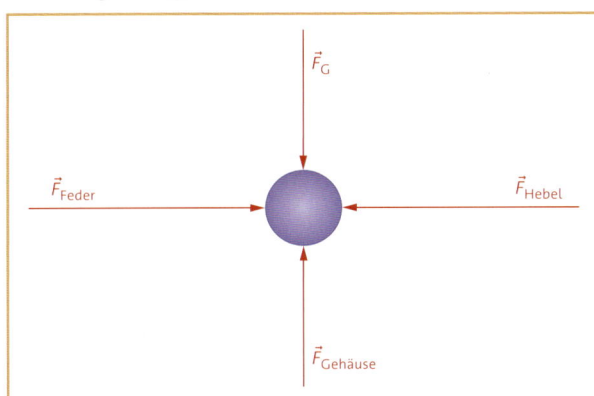

a ✐ Beschreibe, was Michael falsch gemacht hat.

_____

b ✐ Erstelle eine neue Zeichnung, in der die Kräfte richtig eingezeichnet sind.

c ◼ Betätigt man den Hebel, fliegt die Kugel heraus. Die Bewegung der Kugel wurde in zwei Phasen unterteilt. Zeichne jeweils qualitativ die Kraftpfeile aller Kräfte ein, die auf die Kugel wirken.

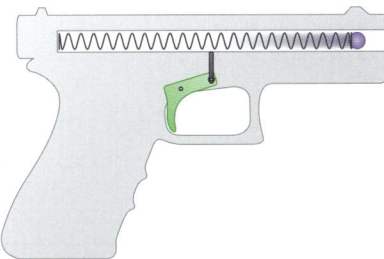

Die Kugel bewegt sich nach rechts und wird immer schneller.

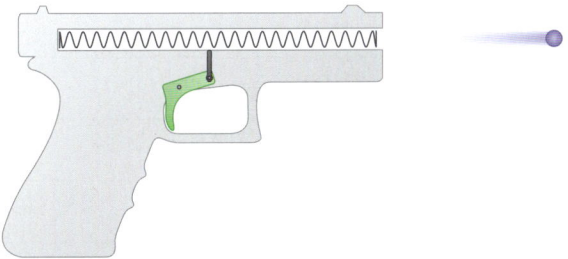

Die Kugel bewegt sich nach rechts und Richtung Boden.

Gesetz von Hooke

1 **Verformungen**

☐ Fülle die Lücken so, dass ein sinnvoller Text entsteht.

Eine Verformung, bei der ein Körper nach _____ wieder in seine urprüngliche

_____ zurückkehrt, nennt man _____ Verformung. Von einer _____

Verformung spricht man, wenn ein Körper nach _____ dauerhaft

verformt ist. Dabei wird seine ursprüngliche Form _____ .

2 **Bungee-Jumping im Kinderzimmer**

◩ Anna lässt ihre Puppe einen Bungee-Jumping-Sprung von ihrem Hochbett ausführen. Aus dem Nähkästchen ihrer Mutter nimmt sie ein Gummiband, das sie am Fuß ihrer Puppe befestigt. Das Gummiband ist zu Beginn 0,35 m lang. Nach dem Sprung stellt Anna fest, dass das Gummiband nun länger ist, als es vor dem Sprung war. Gib zwei mögliche Gründe dafür an, indem du die folgenden Sätze vervollständigst:

1. Mögliche Ursache: Das Gummiband war von Anfang an _____ elastischer Körper.

   Deshalb wurde es durch die Krafteinwirkung _____ .

2. Mögliche Ursache: Durch die _____ beim Sprung wurde das Gummiband

   über seinen _____ gedehnt. Deshalb wurde es _____ .

3 **Zerreißprobe**

In der Technik werden neu hergestellte Werkstoffe in einer Zerreißprobe auf ihre Belastbarkeit geprüft. Aus dem zu prüfenden Material wird dazu ein Probestab gefertigt. Auf den Stab wird dann eine Kraft ausgeübt, die ihn auseinanderzieht. Diese Kraft wird so lange erhöht, bis der Stab reißt. Ein Computer zeichnet den Zusammenhang zwischen der einwirkenden Kraft und der Längenänderung des Probestabs auf. Für einen Stahlstab ergibt sich das nebenstehende Diagramm.

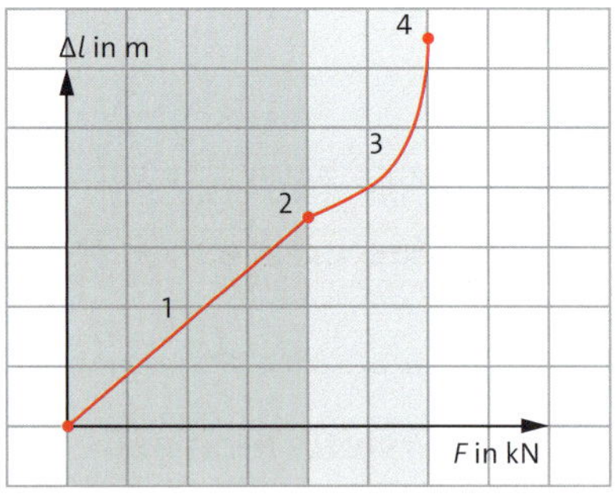

◩ Beschreibe die gekennzeichneten Abschnitte des Diagramms (1–4) unter Verwendung der Fachbegriffe.

1: _____

_____

2: _____

3: _____

_____

4: _____

4 **Kraftmesser**

Max will in einem Diagramm den Zusammenhang zwischen der einwirkenden Kraft *F* und der Längenänderung Δ*l* bei einem Kraftmesser darstellen.

Er erhält folgende Messtabelle:

F in N	1,0	4,0	7,0	10,0
Δl in cm	0,5	2,0	3,6	4,9

a ☑ Hilf Max und erstelle anhand dieser Messwerte das Diagramm für die verwendete Schraubenfeder.

b ☐ Lies im Diagramm ab, um wie viele Zentimeter die Schraubenfeder des Kraftmessers gedehnt wird, wenn die einwirkende Kraft 9,0 N beträgt. Gib die Längenänderung an.

c ☑ Bei maximal möglicher Dehnung der Schraubenfeder ragt die Anzeige am Kraftmesser um 6,2 cm heraus. Lies im Diagramm ab, welche größtmögliche Kraft mit diesem Messgerät gemessen werden kann. Gib den Messbereich des Kraftmessers an.

d ☑ Max überlegt, an den Kraftmesser ein Massestück zu hängen, das eine Gewichtskraft von F_G = 18 N erfährt. Erkläre mit eigenen Worten, wieso du davon abrätst. Verwende dabei folgende Begriffe: *zerstören • Elastizitätsbereich • plastische Verformung*.

Prüfungsvorbereitung

1   **Sport auf dem Mond**

a ◪ Seit einigen Jahren gibt es Bestrebungen, einen bemannten Raumflug zum Mars zu unternehmen. Der Mond soll vorläufig als „Trainingsgebiet" für Menschen und Technologien dienen. Recherchiere, warum für einen Langzeitaufenthalt auf dem Mond die Einrichtung einer Art von Fitnessstudio erforderlich ist.

_____

_____

_____

b ☐ Im Alltag wird häufig vom „Gewicht" eines Gegenstandes gesprochen.
Gib an, welche zwei Größen mit diesem Begriff in der Physik gemeint sein können.

_____

_____

c ◪ Auf der Erde trainieren Menschen häufig an Fitnessgeräten, an denen sie „Gewichte" hochheben. Beschreibe, was an einem solchen Gerät anders sein müsste, wenn es auf dem Mond eingesetzt und bei gleicher Trainingsdauer derselbe Trainingseffekt wie auf der Erde erreicht werden soll.

_____

_____

_____

d ◪ Beim Kugelstoßen der Männer werden Kugeln mit der Masse 7,257 kg verwendet.
Berechne die Gewichtskraft, die eine solche Kugel auf der Erde bzw. auf dem Mond erfährt.

e ◼ Wenn man einen Ball auf dem Mond fängt, braucht man zum Abbremsen des Balls die gleiche Kraft wie auf der Erde, wenn er in beiden Fällen die gleiche Geschwindigkeit hat. Begründe dies.

_____

_____

_____

2 **Sicherheitseinrichtungen im Auto**

Das Bild zeigt eine gefährliche Situation im Straßenverehr: Ein Auto A fährt auf ein stehendes Auto B auf.

a ■ Begründe jeweils mithilfe des Trägheitssatzes, warum die Situation für die Insassen in Auto A und B gefährlich ist.

Auto A: _____

_____

_____

_____

Auto B: _____

_____

_____

_____

b ☐ Nenne jeweils die Sicherheitseinrichtungen, mit denen sich die Autoinsassen vor den negativen Folgen der Trägheit schützen können.

Auto A: _____ Auto B: _____

3 **Kräfte beim Radfahren**

An Alina greifen beim Radfahren vier Kräfte an.

a ☐ Ordne die Kräfte mithilfe der Abbildung zu:

Gewichtskraft von Alina	F_1
Antriebskraft	F_2
Kraft, die die Straße ausübt	F_3
Reibungskraft	F_4

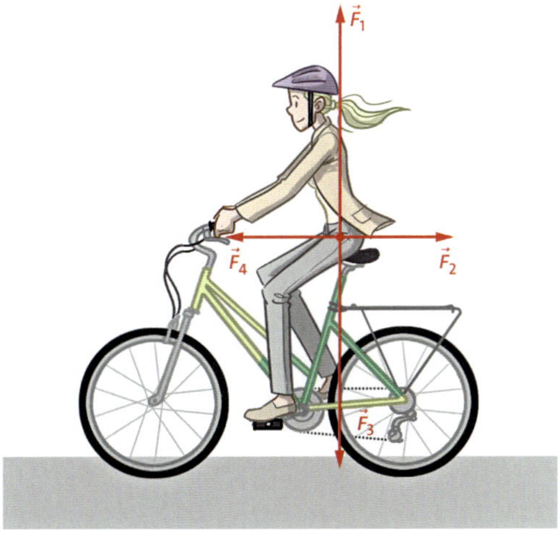

b ◪ Zeichne die Kraftpfeile der Antriebs- und Reibungskraft erneut so ein, dass sich ihre Angriffspunkte dort befinden, wo sie tatsächlich angreifen. (Es gibt zwei Möglichkeiten.)

c ◪ Beschreibe die Bewegung, die Alina ausführt, und begründe deine Aussage.

_____

_____

d ■ Beschreibe die Bewegung, wenn der Betrag der Kraft $\vec{F}_2$ größer als der von $\vec{F}_4$ wäre.

_____

Aggregatzustände und Teilchenmodell

1 **Aggregatzustände von Wasser**

☐ Befülle das Schaubild und die Tabelle mit den folgenden Begriffen:

Abkühlen (2×) • Erwärmen (2×) • fest • gasförmig • flüssig • 0 °C bis 100 °C • keine Form • kaum veränderbar • Erstarren • Schmelzen • kleiner als 0 °C • leicht veränderbar • nicht veränderbar • veränderbare Form • Verdampfen • feste Form • Kondensieren • größer als 100 °C.

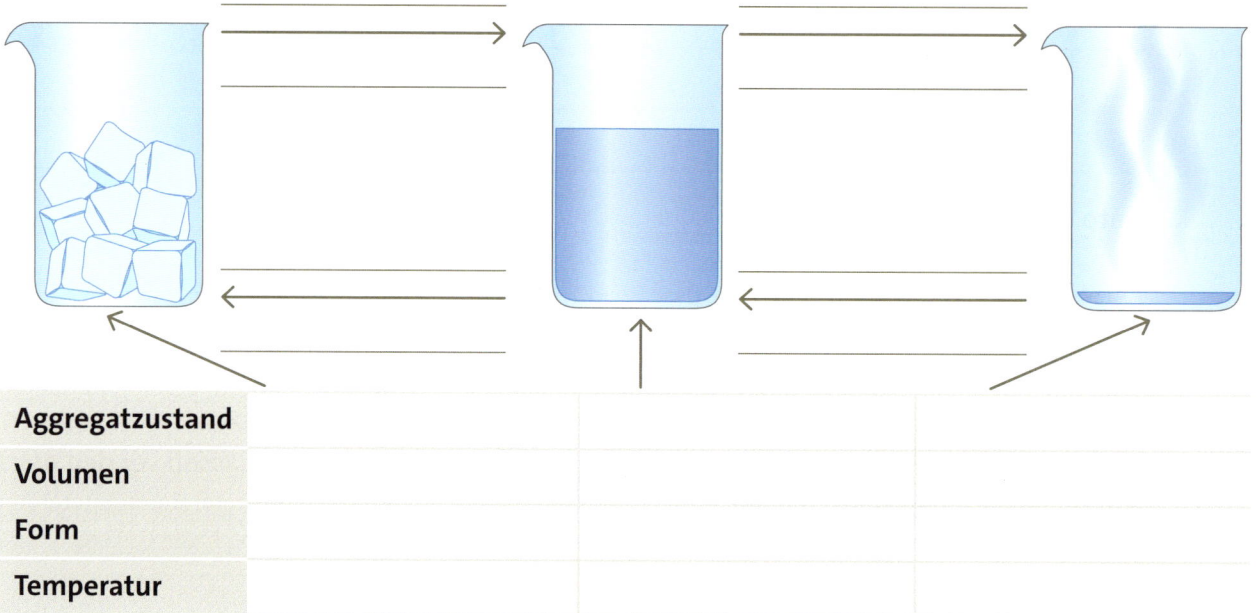

Aggregatzustand			
Volumen			
Form			
Temperatur			

2 **Aussagen korrigieren**

■ Die folgenden Aussagen sind falsch. Unterstreiche jeweils die Satzteile, die falsch sind. Schreibe den Satz dann so um, dass die Aussage richtig wird.

Je höher die Temperatur eines Körpers ist, desto größer ist die Temperatur seiner Teilchen.

_____

_____

Wenn Zucker in Wasser aufgelöst wird, werden die Zuckerteilchen flüssig.

_____

_____

Zwischen den Eisenteilchen eines Eisennagels befindet sich Luft.

_____

3 **Auflösung**

Zwei Stücke Kandiszucker wurden zeitgleich jeweils in ein Becherglas mit Wasser gegeben.
Die Temperatur des Wassers im rechten Glas war höher als im linken Glas.

nach 3 min	nach 10 min	nach 35 min

a ☐ Beschreibe die Beobachtung mithilfe der Bilder.

_____

b ◩ Ergänze die Lücken so, dass der Text die Beobachtung im Teilchenmodell erklärt.

Kandiszucker und Wasser bestehen aus unterschiedlichen, aber unter sich gleichen _____.

Die _____ sind in ständiger _____ und ändern andauernd ihren

_____. Dadurch lösen sie die _____ aus dem Kandisblock heraus. Diese

_____ sich zwischen den _____. Die Vorgänge laufen im Wasser mit

der _____ Temperatur schneller ab, weil sich dort die Teilchen _____

4 **Teilchenmodell**

a ◩ Wenn man Parfüm an eine Stelle träufelt, dann ist es nach einer Zeit im ganzen Raum zu riechen.
Erkläre dieses Phänomen mithilfe des Teilchenmodells.

_____

_____

_____

_____

b ◩ Wenn du Wasser in ein Gefäß gibst, passt es sich der Gefäßform an. Ein Stück Holz macht das
nicht. Erkläre die Beobachtung im Teilchenmodell.

_____

_____

_____

c ◼ Erkläre an einem Beispiel, warum das Teilchenmodell Grenzen hat.

_____

_____

_____

Reibung

1 **Reibung am Fahrrad**

Beim Fahrradfahren tritt an verschiedenen Stellen Reibung auf.

a ☑ Ordne zu, welche Reibungsart an den Stellen 1–6 jeweils vorliegt.

1. Reibung zwischen Händen und Lenker	
2. Reibung in den Lagern der Räder	Haftreibung
3. Reibung zwischen Füßen und Pedalen	
4. Reibung zwischen Kette und Zahnrädern	Gleitreibung
5. Reibung zwischen Bremsklotz und Reifenfelge	
6. Reibung zwischen Reifen und Fahrbahn	Rollreibung

b ☐ Welche der aufgelisteten Reibungen sind ausschließlich erwünscht? Umrande ihre Nummern.

c ☑ Nenne Maßnahmen, wie man die unerwünschten Reibungen jeweils verringern kann.

_____

_____

2 **Beschaffenheiten der Fahrbahn**

a ☐ Ein Fahrradfahrer bremst sein Rad auf verschiedenen Fahrbahndecken.
Ordne den Bremswegen jeweils die verschiedenen Fahrbahndecken zu.

Beton, trocken

Beton, nass

Schnee

Eis

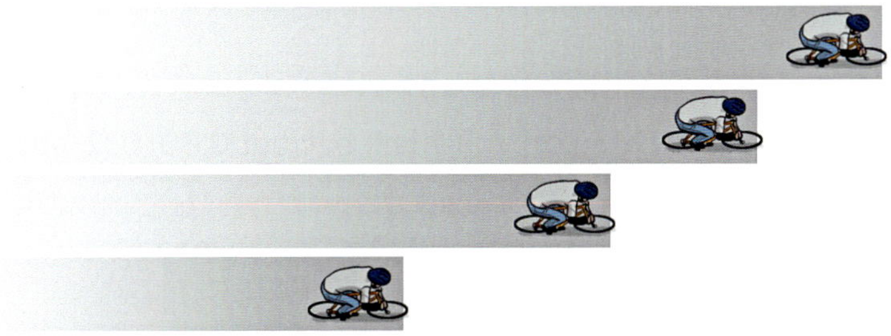

b ■ Bei nasser Fahrbahn bremst man besser, wenn man eine „Stotterbremsung" durchführt.
Dabei wird mehrmals kurzzeitig die Bremse gedrückt, statt die Räder dauerhaft zu blockieren.
Beim Auto wird dieser Effekt durch das Antiblockiersystem ABS erzielt. Erkläre, warum diese
Bremsweise besser ist, indem du die Satzteile richtig aneinanderreihst.

so treten bei jedem Bremsen	*kurzzeitig Haftreibungskräfte auf.*
Dabei treten Gleitreibungskräfte auf.	*die Räder dauerhaft.*
sind als Gleitreibungskräfte,	*Wirkt eine Kraft auf die Bremse,*
Da Haftreibungskräfte betragsmäßig größer	*Führt man eine Stotterbremsung durch,*
so blockieren auf nasser Fahrbahn	*wird das Rad so besser abgebremst.*

_____

_____

_____

_____

_____

_____

_____

3 **Modellvorstellung zur Reibung**

◪ Fülle die Lücken, so dass die Entstehung von Reibung erklärt wird.

Die _____ von Körpern sind nie vollkommen _____.

Oberflächenunebenheiten _____ sich ineinander. Zudem wirken an den

Kontaktstellen _____ den beiden Körpern _____.

Diese Adhäsionskräfte wirken zwischen den _____ der beiden Körper, wenn sich diese

_____. Aus _____ und _____

ergeben sich die Reibungskräfte.

Dichte und Volumen

1   **Dichteangaben**

a □ Die Dichte eines Diamanten beträgt ρ_{Diamant} = 3,51 $\frac{g}{cm^3}$. Deute diese Angabe.

_____

b ☑ Die Dichte von Vollmilch beträgt 0,001 032 $\frac{t}{l}$ bei 20 °C. Gib den Wert der Dichte in der Einheit $\frac{g}{cm^3}$
an.

2   **Flüssigkeiten schichten**

Je 10 ml der Flüssigkeiten Wasser, Alkohol, Öl, Spiritus, Glycerin
und Sirup wurden in einen Messzylinder gefüllt. Nach kurzer Zeit
schichten sie sich übereinander auf.

Dichte in $\frac{g}{cm^3}$ bei 20 °C	
Alkohol	0,791
Glycerin	1,26
Öl	0,81
Sirup	1,27
Spiritus	0,83
Wasser	0,998

a □ Beschrifte die Schichten im Zylinder mit den Flüssigkeiten in der
richtigen Reihenfolge.

b □ Begründe deine Antwort, indem du die folgenden Sätze sinnvoll
vervollständigst:

Bei gleichem _____ hat derjenige Stoff die

geringere Masse, der die _____ Dichte hat.

Dieser Stoff _____ jeweils nach _____.

Ganz unten im Messzylinder befindet sich der Stoff mit

der _____ .

3   **Material bestimmen**

Eine Billardkugel hat ein Volumen von 122 cm³ und eine Masse von 210 g.
☑ Ermittle den Stoff, aus dem die Billardkugel hergestellt ist.

Dichte in $\frac{g}{cm^3}$ bei 20 °C	
Phenolharz	1,72
Polyacetal	1,41
Polyamid	1,14
Silicon	1,65
Teflon	2,2

4 **Masse berechnen**

■ Ein Goldbarren hat ein Volumen von 0,052 l und eine Dichte von $\rho = 19{,}3\ \frac{g}{cm^3}$.
Berechne die Masse des Goldbarrens.

5 **Volumen berechnen**

☑ Tim hat bei der Berechnung des Volumens eines Flaschenkorkens folgende Rechnung durchgeführt. Dabei sind ihm ein paar Fehler unterlaufen. Finde diese und korrigiere sie.

1. Geg.:   4,88 g; $0{,}24\ \frac{g}{cm^3}$; Ges.: V

2. Umformen nach V: $\rho = \frac{m}{V}\ \Big|\ \cdot \rho$

$$\rho \cdot V = m\ \Big|\ : V$$

$$V = \frac{m}{\rho}$$

3. Einsetzen: $\Leftrightarrow V = \dfrac{4{,}88}{0{,}24\ \frac{g}{cm^3}}$

4. Ergebnis: $\Leftrightarrow V = 20{,}333\,333\,33$

5. Antwortsatz: Ein Flaschenkorken mit einem Gewicht von 4,88 g hat ein Volumen von 20,333 333 33 cm³.

6 **Dichte – richtig oder falsch?**

☑ Kreuze an, ob folgende Aussagen richtig (r) oder falsch (f) sind:

	Aussagen	r	f
1	1 kg Blei hat eine größere Masse als 1 kg Federn.		
2	Bei gleicher Masse hat derjenige Körper das größere Volumen, der die kleinere Dichte hat.		
3	Bei gleichem Volumen hat derjenige Körper die kleinere Dichte, der eine geringere Masse hat.		
4	Zwei Körper haben die gleiche Masse, wenn sie dasselbe Volumen haben.		
5	1 cm³ Federn hat eine kleinere Masse als 1 cm³ Blei.		

Prüfungsvorbereitung

1 **Modell eines Aggregatzustands**

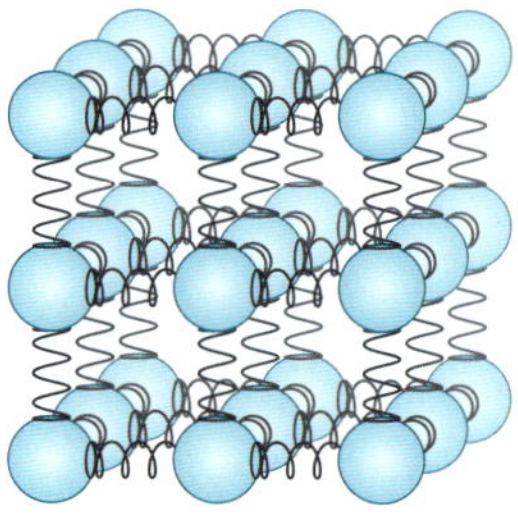

Im nebenstehenden Bild ist ein Modell für einen bestimmten Aggregatzustand abgebildet.

a ☑ Benenne den Aggregatzustand. Begründe deine Antwort.

_____

_____

b ☑ Gib an, warum der Hersteller des Modells Schraubenfedern zwischen die Kugeln eingebaut hat.

_____

_____

_____

2 **Teilchenmodell – richtig oder falsch?**

a ☐ Kreuze an, ob folgende Aussagen richtig (r) oder falsch (f) sind:

	Aussage	r	f
1	Teilchen, die sich schneller bewegen, haben eine höhere Temperatur.		
2	In Flüssigkeiten sind die Kräfte zwischen den Teilchen kleiner als bei Festkörpern.		
3	Teilchen haben keine Farbe und keine Temperatur.		
4	In Festkörpern bewegen sich die Teilchen nicht.		

b ☑ Schreibe die falschen Aussagen so um, dass richtige entstehen.

_____

_____

_____

_____

3 **Verdampfen**

a ☑ Kreuze an, wie der Satz richtig weitergehen muss.
Wenn 1 Liter Wasser bei alltäglichen Bedingungen vollständig verdampft, …
○ nimmt der Wasserdampf ebenfalls ein Volumen von 1 Liter ein.
○ nimmt der Wasserdampf einen kleineren Raum ein.
○ nimmt der Wasserdampf einen größeren Raum ein.

b ■ Erkläre dies mit dem Teilchenmodell.

_____

_____

_____

4 **Reibungsarten**

☐ Benenne die verschiedenen Arten von Reibung und ordne sie der Größe nach. Verwende hierzu das Symbol „>".

---

5 **Reibung und Kraftpfeile**

Ein Holzklotz wird mit einer Schnur über eine Oberfläche gezogen.

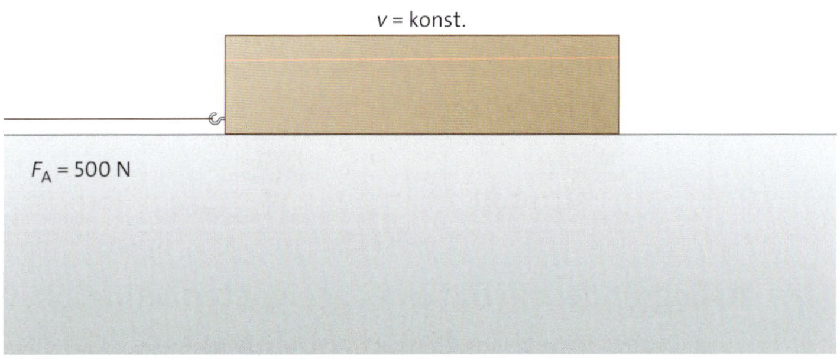

a ☑ Trage in das Bild mithilfe von Kraftpfeilen die Antriebskraft $\vec{F}_A$, die Anpresskraft $\vec{F}_{An}$ und die Reibungskraft $\vec{F}_R$ ein.

b ☐ Gib den Betrag der Reibungskraft F_R an.

v = konst.

F_A = 500 N

---

6 **Reibung beim Skateboard**

a ☐ Beim Skateboardfahrer im Bild treten verschiedene Reibungsarten auf. Die Stellen, an denen Reibung auftritt, sind mit den Ziffern 1, 2, 3 und 4 markiert.

b ☑ Nenne jeweils die Reibungsart und die Stelle, wo sie auftritt.

① _____ zwischen Rädern

und Fahrbahn

② _____

_____

③ _____

_____

④ _____

_____

c ☐ Welche Reibung ist ausschließlich erwünscht? Umrande die Nummer.

d ☑ Fülle die Lücken so, dass beschrieben wird, wie erwünschte Reibung vergrößert und unerwünschte Reibung verkleinert wird.

Die erwünschte Reibung ist groß, wenn die _____ von _____,

Schuhsohle und Skateboard _____ und _____ sind. Die unerwünschte Reibung kann

verkleinert werden, indem man _____.

Licht und Schatten

1 **Sehvorgang**

a ☐ Kreuze das Bild an, indem der Sehvorgang richtig dargestellt ist.

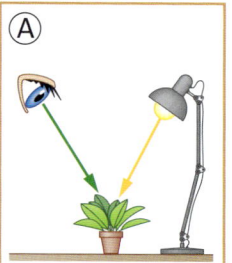 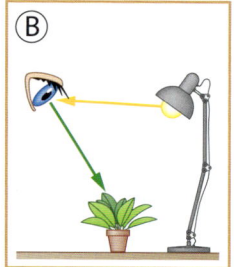  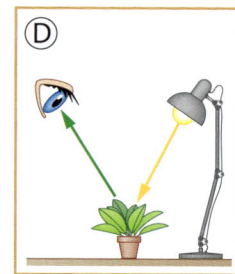 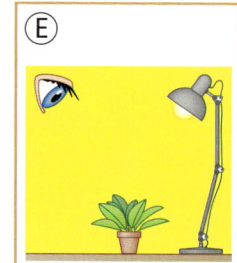

b ◼ Begründe anhand einer geeigneten Situation, warum die Vorstellung, dass vom Auge Sehstrahlen ausgesendet werden, nicht sinnvoll ist.

_____

_____

_____

2 **Lichtgeschwindigkeit**

◪ Ein Schiff sendet ein Lichtsignal aus. Entscheide, ob es zuerst bei einem 15 000 m entfernten U-Boot oder bei einem 15 000 m entfernten Flugzeug ankommt. Nimm an, das Licht könnte in Wasser eine so große Entfernung zurücklegen. Begründe deine Antwort.

_____

_____

3 **Straßenlaterne**

Eine Mauer steht zwischen einem drei-stöckigen Haus und einer Straßenlaterne.

a ◪ Ermittle durch Einzeichnen geeigneter Lichtstrahlen, welche der Fenster A, B und C von der Laterne beleuchtet wer-den, und vervollständige den Text.

Die Laterne beleuchtet Fenster

A _____, Fenster B _____

und Fenster C _____ .

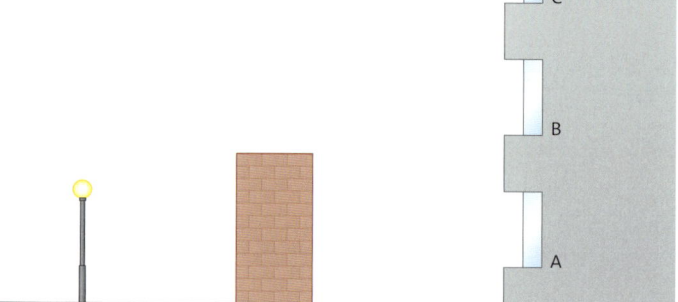

b ◪ Jana steht vor Fenster C und blickt auf die Laterne. Ihr Auge ist eingezeichnet. Ermittle, ob sie die Laterne vollständig bis zum Boden sehen kann.

_____

_____

4 Viele Schatten

Der Körper im nebenstehendem Bild wird von mehreren punkt-
förmigen Lichtquellen beleuchtet.

a ◪ Ermittle durch geeignete Konstruktion Anzahl und Positionen
der Lichtquellen.

b ◪ Begründe, warum die Bereiche unterschiedlich hell erscheinen.

_____

_____

_____

_____

5 Nachtwanderung

Marie, Aisha und Marcel befinden sich bei einer
Nachtwanderung in der Nähe eines großen
Busches, als das Licht der Taschenlampen von
Leo und Tine in ihre Richtung leuchtet.

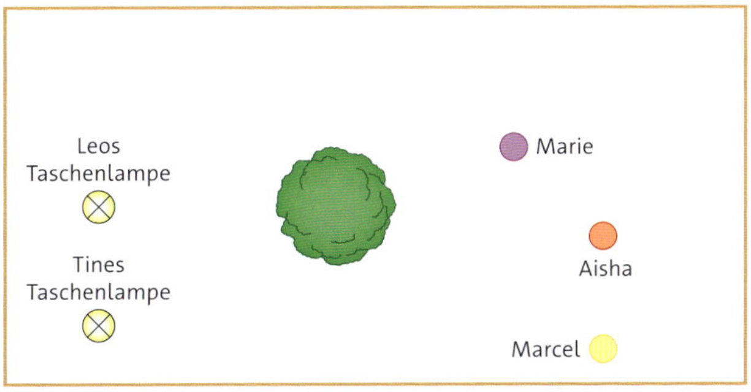

◪ Ergänze die Zeichnung, um die Lücken in
folgender Aussage zu füllen:

_____ wird von allen dreien am stärksten beleuchtet und _____ am wenigsten.

6 Sonne, Mond und Erde

Das nebenstehende Bild zeigt eine
bestimmte Konstellation von Erde,
Mond und Sonne.

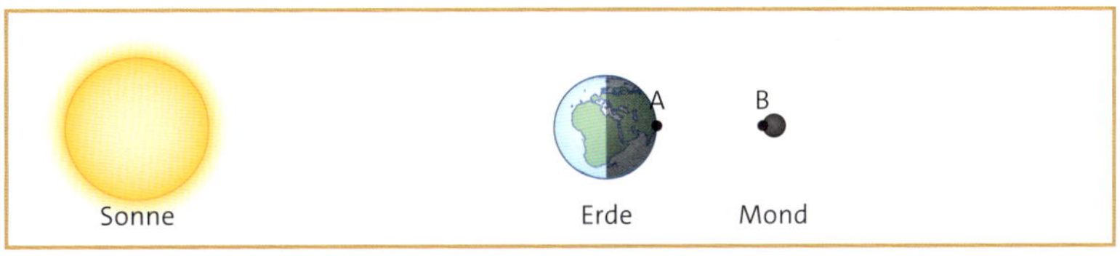

a ☐ Benenne die Beobachtung, die ein Bewohner auf der Erde im Punkt A macht.

_____

b ◪ Ergänze in der Grafik geeignete Lichtstrahlen, um die Beobachtung zu erklären. Gib die Bezeich-
nungen der verschiedenen Schattenbereiche an.

c ◪ Erkläre die Beobachtung mit den entsprechenden Fachbegriffen.

_____

_____

_____

d ☐ Gib an, was ein Astronaut beobachtet, der sich im Punkt B auf dem Mond befindet.

_____

_____

Reflexion und Spiegelbild

1 **Reflexion von Licht**

☐ Verbinde die Satzhälften miteinander so, dass richtige Aussagen entstehen.

1. Trifft Licht auf die Oberfläche eines Körpers ...	... erfolgt die Streuung in genau eine Richtung. (I)
2. Wenn die Oberfläche sehr glatt ist ...	... steht senkrecht auf der reflektierenden Oberfläche. (T)
3. Bei der Reflexion von Licht ...	... wird es dort in alle Richtungen gestreut. (L)
4. Einfallender Lichtstrahl und reflektierter Lichtstrahl ...	... liegen in einer gemeinsamen Ebene. (H)
5. Die Ebene, die den einfallenden und den reflektierten Lichtstrahl enthält ...	... gilt das Reflexionsgesetz. (C)

Lösungswort:

1	2	3	4	5

2 **Fernlicht und Abblendlicht**

a ◩ Lara und Achmet fahren bei dichtem Nebel über eine Straße. Bringe die Satzbausteine in die richtige Reihenfolge und finde heraus, wer recht hat.

Licht von der Umgebung
gelangt in das Auge des Fahrers.
trifft auf die Wassertröpfchen des Nebels
hinter den Wassertröpfchen
Das Licht der Scheinwerfer
gelangt nicht in das Auge des Fahrers.
Das an den Wassertröpfchen gestreute Licht
und wird in alle Richtungen gestreut.

Achmed:
Schalte doch das Fernlicht an, dann kannst du besser sehen!

Lara:
Mit Fernlicht sehe den Nebel zwar gut, aber die Umgebung schlechter.

Fernlicht

Abblendlicht

_____

_____

_____

_____

Wer hat recht? _____

b Mit dem Abblendlicht soll gewährleistet werden, dass der Gegenverkehr nicht geblendet wird. Fährt man auf nasser Fahrbahn, kann jedoch auch das Abblendlicht entgegenkommende Fahrer blenden.

◩ Ergänze in der Zeichnung den weiteren Lichtweg und schraffiere den Bereich, in dem man geblendet wird.

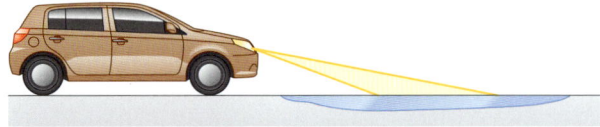

3 **Spieglein, Spieglein ...**

a ☐ Markiere das Bild, welches das Spiegelbild richtig wiedergibt.

b ✎ Beschreibe, was an den anderen Spiegelbildern nicht stimmt.

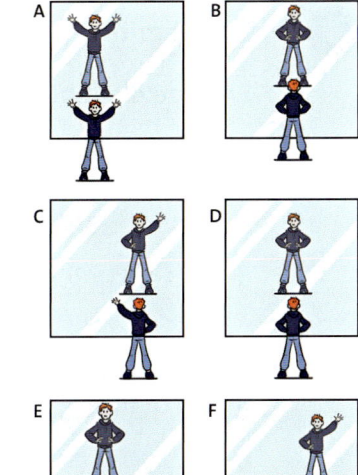

_____

_____

_____

_____

_____

_____

_____

_____

4 **Parabolspiegel**

In Scheinwerfern befinden sich Parabolspiegel.
Im Bild ist der Lichtweg eines Lichtstrahls gezeich-
net, der von der punktförmigen Lichtquelle auf den
Spiegel trifft.

a ✎ Konstruiere die beiden Lichtstrahlen, die an den
Stellen A und B auf den Spiegel treffen.

b ☐ Beschreibe die Art des Lichtbündels, das der Parabolspiegel aussendet.

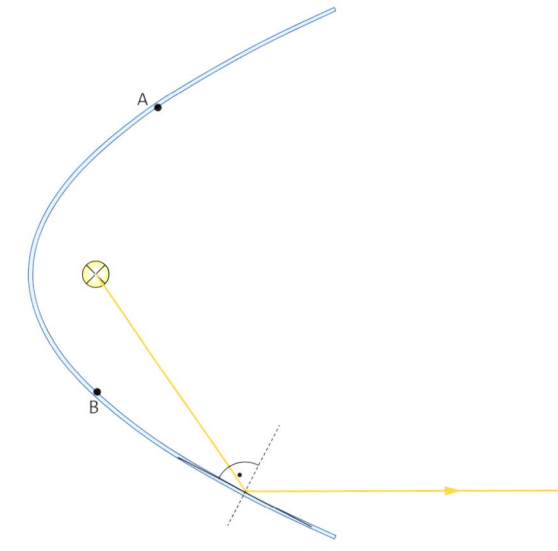

_____

_____

_____

5 **Toter Winkel**

Beim Blick in den Außenspiegel kann der
Fahrer nur einen Ausschnitt der Umgebung
hinter sich sehen. Es entstehen dabei sogenannte tote Winkel.

■ Zeige, dass der Fahrer Lea im Spiegel sehen
kann, Max jedoch nicht.

Tipp: Ermittelt den Bereich, den der Fahrer
durch den Spiegel sehen kann. Konstruiere
dazu die Lichtstrahlen, die auf die äußersten
Kanten des Spiegels treffen und ins Auge
des Fahrers reflektiert werden.

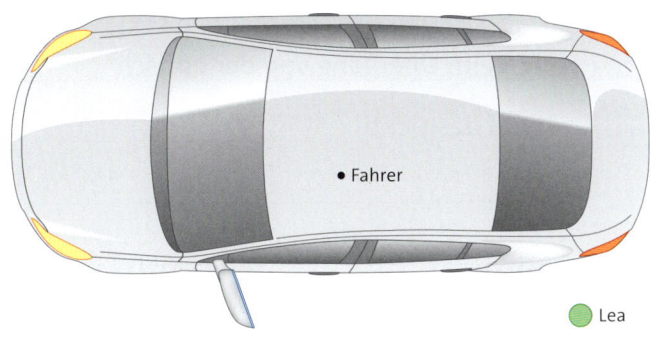

Brechung und Totalreflexion

1 **Fachbegriffe**

☐ Ergänze die fehlenden Fachbegriffe im folgenden Lehrbuchtext:

Unter Lichtbrechung versteht man die Eigenschaft des Lichts, beim Auftreffen auf die

_____ zweier optischer Medien die _____ zu ändern. Zur Beschreibung

der Ablenkung des Lichtstrahls misst man den _____ zwischen Lichtstrahl und

_____. Den Winkel zwischen einfallendem Lichtstrahl und _____

nennt man _____. Den Winkel zwischen dem abgelenkten Lichtstrahl und

dem _____ nennt man _____.

Verschiedene optische Medien unterscheiden sich in ihrer _____. Trifft das

Licht von einem optisch _____ in ein optisch _____ Medium, dann wird

es zum Einfallslot hin gebrochen. Die Ursache für die Lichtbrechung ist die unterschiedliche

_____ in verschiedenen optischen Medien. Im optisch dichteren Medium

ist die _____ _____ als im optisch dünneren Medium.

2 **Lichtbrechung**

a ◪ Ergänze jeweils qualitativ den Verlauf des Lichtstrahls.

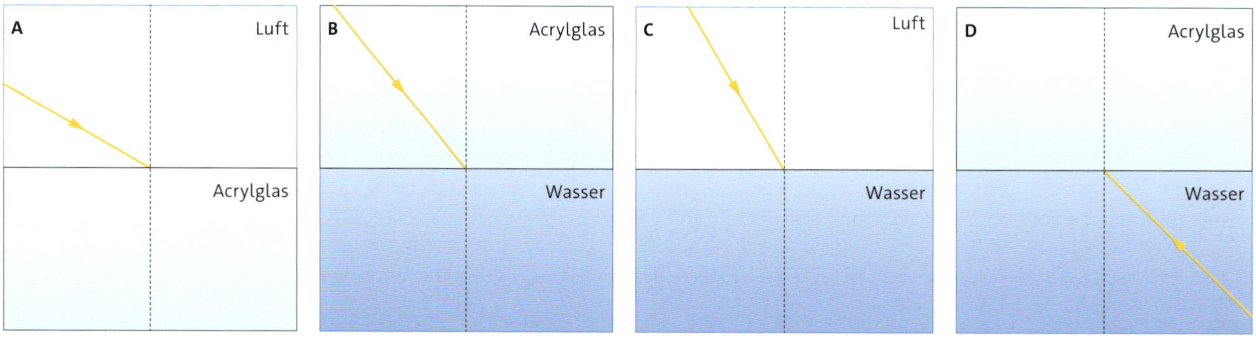

b ◪ Begründe jeweils den Verlauf des Lichtstrahls.

A: Beim Übergang von der optisch _____ Luft in das optisch _____ Acrylglas

wird das Licht _____ gebrochen.

B: _____

_____

C: _____

_____

D: _____

_____

3 **Zwei Taucher**

Zwei Taucher A und B leuchten nachts mit einer
Lampe auf den Punkt P auf der Wasseroberfläche.
Nur das Lichtbündel einer Taschenlampe tritt aus
dem Wasser aus.

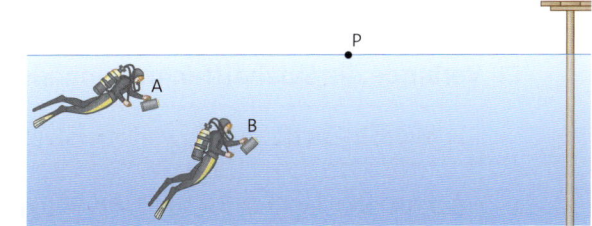

a ☐ Zeichne jeweils qualitativ den Lichtweg in das Bild
ein. Nutze verschiedene Farben für A und B.

b ☑ Beschreibe den Lichtweg jeweils mit den Fachbegriffen.

A: _____

B: _____

4 **Zaubertrick**

Ein Zauberer befestigt einen Plastikfisch auf
dem Boden einer undurchsichtigen Tasse
und fordert einen Zuschauer auf, so in die
Tasse zu schauen, dass er den Fisch gerade
nicht mehr sieht. Der Zuschauer soll dann
seine Position nicht mehr ändern, während
die Tasse mit Wasser gefüllt wird.

a ☐ Beschreibe, worüber der Zuschauer staunen wird.

_____

_____

b ■ Ergänze das Bild, um den Trick zu erklären. Zeichne in verschiedenen Farben den tatsächlichen und
den scheinbaren Lichtweg vom Fisch in das Auge des Beobachters ein.

5 **Doppelter Lichtübergang**

a ■ Ergänze den weiteren Lichtweg im nebenstehenden Bild. Benenne
die Winkel im ersten Übergang mit ε_1 (Einfallswinkel) und β_2 (Brechungswinkel) und im zweiten Übergang mit ε_2 und β_2.

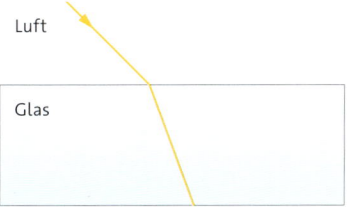

b ☑ Kreuze die zutreffenden Beziehungen an:

○ $\varepsilon_1 = \varepsilon_2 ; \beta_1 = \beta_2$ ○ $\varepsilon_1 = \beta_2 ; \varepsilon_2 = \beta_1$

○ $\varepsilon_1 = \beta_2 ; \varepsilon_2 = \beta_1$ ○ $\varepsilon_1 = \varepsilon_2 = \beta_1 = \beta_2$

6 **Blackbox**

Im Inneren des gezeichneten Kastens befindet sich ein geradlinig
begrenzter Glaskörper, der das Licht in der gezeichneten Weise
ablenkt.

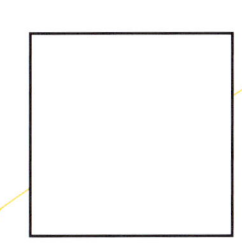

■ Zeichne den Glaskörper ein und ergänze den Lichtweg.

Farbiges Licht

1 **Zuordnung**

☐ Verbinde die Satzhälften miteinander so, dass richtige Aussagen entstehen.

1. Weißes Licht ...	... an den roten Bereich an. (A)
2. Farbiges Licht wird bei gleichem Einfallswinkel ...	... stärker gebrochen. (I)
3. Blaues Licht wird ...	... unterschiedlich stark gebrochen. (R)
4. Rotes Licht wird ...	... weniger stark gebrochen. (S)
5. Ultraviolettes Licht grenzt ...	... setzt sich aus farbigem Licht zusammen. (P)
6. Infrarotes Licht grenzt ...	... an den blauen Bereich an. (M)

Lösungswort:

1	2	3	4	5	6

2 **Farbspektrum**

Mit einem Prisma kann weißes Licht in seine Spektralfarben aufgefächert werden.

weißes Licht

a ◪ Zeichne in das Bild qualitativ den weiteren Lichtweg der Spektralfarben ein.

b ◪ Erkläre die Auffächerung des weißen Lichts. Sortiere hierzu die Satzbausteine.
von der Lichtfarbe. • und der violette am stärksten gebrochen. • Bei gleichem Einfallswinkel • beim Auftreffen auf das Prisma • Der Brechungswinkel ist abhängig • Deswegen wird der rote Lichtanteil am schwächsten • nimmt der Brechungswinkel • Trifft weißes Licht auf die Grenzfläche • von Rot über Orange, Gelb, Grün, Blau bis zu Violett zu. • wird es gebrochen. • zwischen Luft und Prisma,

_____

_____

_____

_____

3 **Sonnenlicht – richtig oder falsch?**

☐ Entscheide, ob folgende Aussagen über das Sonnenlicht richtig (r) oder falsch (f) sind:

	Aussage	r	f
1	Sonnenlicht besteht aus den sichtbaren Spektralfarben Rot, Orange, Gelb, Grün, Blau, Violett.		
2	In einem Regenbogen werden die Spektralfarben des Sonnenlichts sichtbar.		
3	Manche Spektralfarben kann man mit einem Prisma in weitere Farben zerlegen.		

4 **Haupt- und Nebenregenbogen**

a ☐ Beschrifte den Hauptregenbogen im nebenstehenden Bild mit *1* und den Nebenregenbogen mit *2*. Markiere anschließend jeweils die Farbreihenfolge im Haupt- und Nebenregenbogen.

b ☑ Die Entstehung von Haupt- und Nebenregenbogen kann mit der Lichtbrechung in zwei übereinanderliegenden Regentropfen erklärt werden. Ergänze in den Bildern jeweils qualitativ die Lichtwege für den roten und blauen Lichtanteil. Ergänze anschließend die Begriffe *Rot* und *Blau* in den Textlücken darunter.

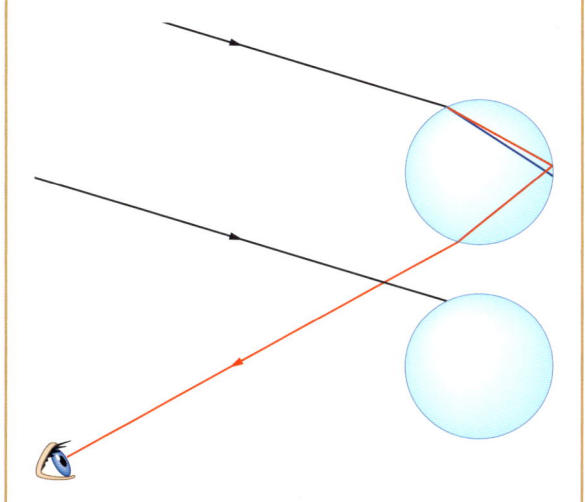

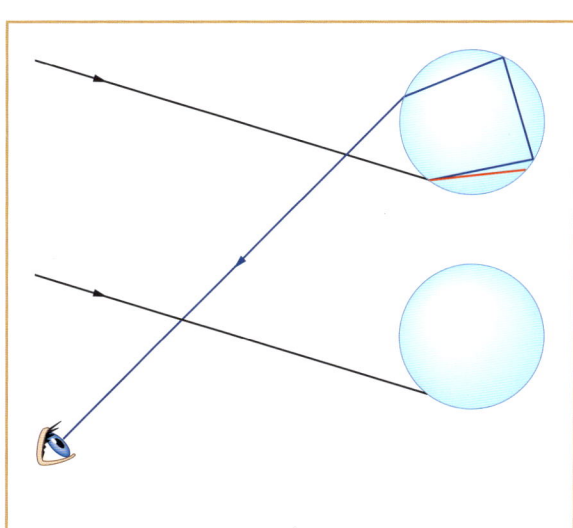

Beim **Hauptregenbogen** tritt _____ vom oberen Tropfen und _____ vom unteren Tropfen in das Auge.

Beim **Nebenregenbogen** tritt _____ vom oberen Tropfen und _____ vom unteren Tropfen in das Auge.

5 **Infrarot- und Ultraviolettlicht – richtig oder falsch?**

☐ Entscheide, ob folgende Aussagen über IR- und UV-Licht richtig (r) oder falsch (f) sind:

	Aussage	r	f
1	Das von der Sonne ausgesendete Ultraviolettlicht ist besonders stark sichtbares violettes Licht.		
2	Infrarotlicht liegt im Lichtspektrum des Sonnenlichts zwischen dem orangen und dem roten Licht.		
3	Ultraviolettlicht ist nicht sichtbar.		
4	Die Ursache für Sonnenbrand ist das Ultraviolettlicht der Sonne.		
5	Infrarotlicht wird auch Wärmestrahlung genannt.		
6	Infrarotlicht ist gefährlich, weil dadurch besonders Menschen mit heller Haut schnell einen Sonnenbrand bekommen.		

Prüfungsvorbereitung

1 **Mond**

> **Micha:** *Der Mond ist ein selbstleuchtender Körper.*

a ◪ Widerlege Michas Behauptung mit einem stichhaltigen Argument.

_____

_____

_____

b ◪ Erkläre Micha, weshalb wir den Mond sehen können.

_____

_____

_____

2 **Sonnenuntergang**

> **Lea:** *Wenn wir die Sonne gerade untergehen sehen, ist sie eigentlich schon bereits vor etwa 8,5 Minuten untergegangen.*

◪ Nimm Stellung zu Leas Aussage.

_____

_____

_____

3 **Simones Schatten**

Simone geht an einer Straßenlaterne vorbei. Wie ändert sich ihr
Schattenbild?

a ◪ Konstruiere Simones Schattenbild für die drei gezeichneten
Positionen.

b ◪ Fülle die Lücken so, dass der Text beschreibt, wie sich ihr Schattenbild ändert.

Wenn sich Simone der Straßenlampe nähert, befindet sich ihr Schattenbild zunächst

_____ und wird _____. Wenn sie direkt unter der Lampe steht,

_____. Entfernt sie sich wieder von der

Lampe, _____.

4 Hinter der Mauer

Tom kann seine Freunde Paul und
Aisha hinter der Mauer nicht sehen.
Nebenstehende Skizze zeigt die Szene
von oben.

a ■ Zeichne die Position eines möglichst
kleinen Spiegels auf der Wand ein, sodass Tom darin seine beiden Freunde
sehen kann.

b □ Gib die mindestens erforderliche
Breite des Spiegels an.

Mauer

Tom   Paul   Aisha

Wand

0,5 m

5 Durch den Reifen

Der Delfin soll durch den Reifen springen, den er durch die
Wasseroberfläche sehen kann.

a ◩ Kreuze an, wohin der Delfin aus seiner Sicht springen muss.

○ A   ○ B   ○ C

b ◩ Begründe deine Antwort unter Verwendung der Fachbegriffe.

_____

_____

_____

_____

_____

6 Prisma

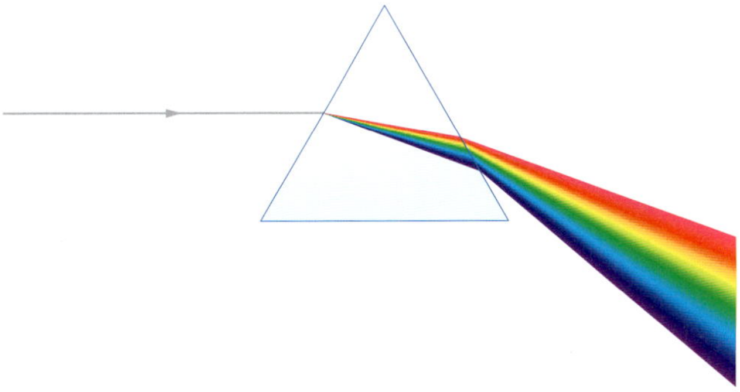

a □ Beschreibe, was die Zeichnung zeigt.

_____

_____

_____

b ■ Gib eine Erklärung für die Beobachtung aus **a**.

_____

_____

_____

_____

Optische Linsen

1 **Fachbegriffe**

a ☐ Beschrifte das folgende Bild einer Konvexlinse mit den Fachbegriffen:

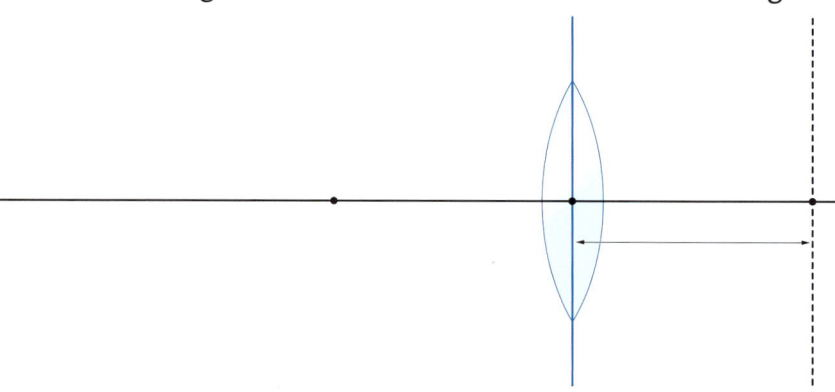

b ◩ Benenne den Linsentyp aus Aufgabenteil **a** mit der alternativen Bezeichnung. Gib eine Erklärung für diese Bezeichnung.

_____

_____

c ☐ Verbinde folgende Linsenkörper jeweils mit dem zutreffenden Linsentyp:

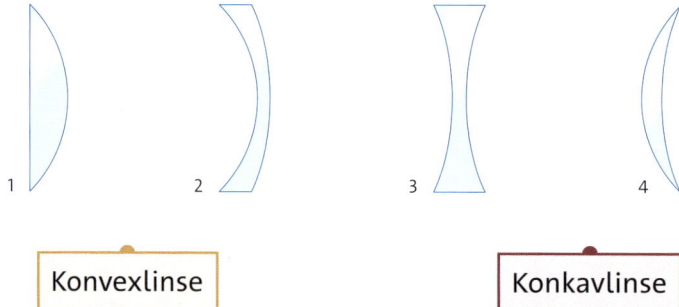

d ◩ Beschreibe, was mit einem parallelen Lichtbündel geschieht, das auf Linse 2 trifft.

_____

_____

2 **Blackbox**

Im Inneren des grau gezeichneten Kastens befindet sich eine Linse.

a ◩ Ergänze die Strahlengänge und zeichne die Linse mit dem vereinfachten Symbol an der richtigen Stelle ein. Gib an, welcher Linsentyp sich im Kasten befindet.

_____

b ◩ Zeichne mithilfe einer geeigneten Hilfslinie den Brennpunkt F der Linse ein und gib ihre Brennweite auf mm genau an.

_____

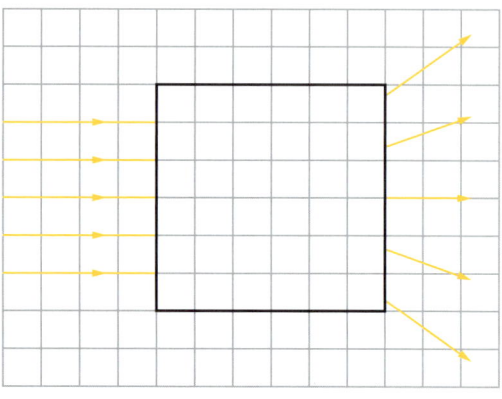

3 **Messung der Brennweite**

☑ Beschreibe eine Vorgehensweise zur Messung der Brennweite einer Sammellinse. Nutze hierzu die Wortliste und den Satzbaukasten.

Abstand • Brennpunkt • Sammellinse • Mittelebene der Linse • optische Achse • paralleles Lichtbündel • Projektionsschirm • Tisch

Zuerst	stellen		die	auf	den	auf die
Dann	senden	ich	ein	parallel	dem	der
Danach	suchen		den	mit	zu	und dem
Zuletzt	messen			zwischen	der	

_____

_____

_____

_____

_____

4 **Linsenwölbung**

Eine Kerze wird durch zwei verschiedene Sammellinsen abgebildet. Die Linsen unterscheiden sich in ihren Brennweiten. (Die Brennpunkte gehören jeweils zur Linse mit der gleichen Farbe.)

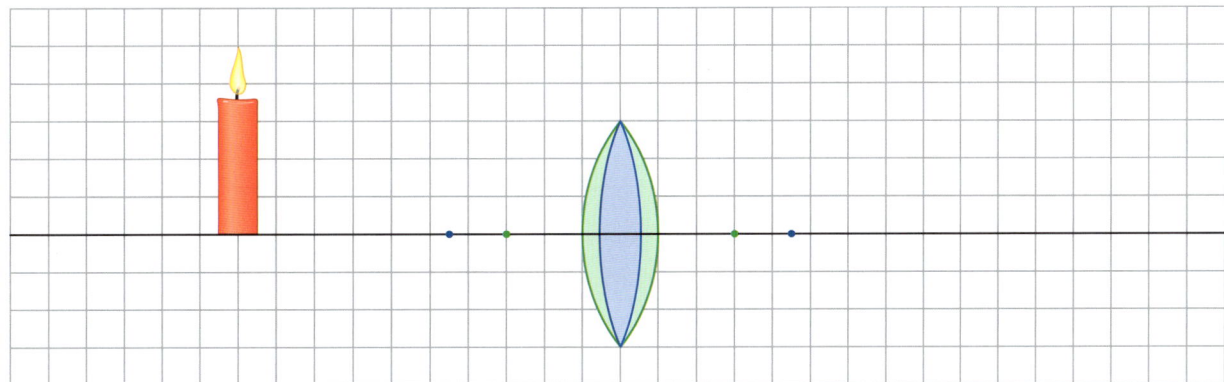

a ☐ Formuliere mithilfe der Grafik den Zusammenhang zwischen der Wölbung einer Linse und ihrer Brennweite.

_____

_____

b ☑ Konstruiere jeweils das Bild der Kerze durch die grüne und die blaue Linse in den dazugehörigen Farben (grüne Linse: grüne Strahlen, blaue Linse: blaue Strahlen).

c ☑ Fülle die Lücken so, dass die Zusammenhänge richtig wiedergegeben werden.

Je größer die Brennweite einer Linse ist, desto _____ ist die Bildweite.

Je größer die Brennweite einer Linse ist, desto _____ ist die Bildgröße.

Linsenbilder

1 **Bildeigenschaften**

a ☑ Eine Kerze steht vor einer Sammellinse (f = 1,5 cm). Die Gegenstandsweite beträgt 4,0 cm. Ergänze die Zeichnung und konstruiere das Bild der Kerze.

b ☐ Beschreibe das Bild hinsichtlich Größe und Orientierung.

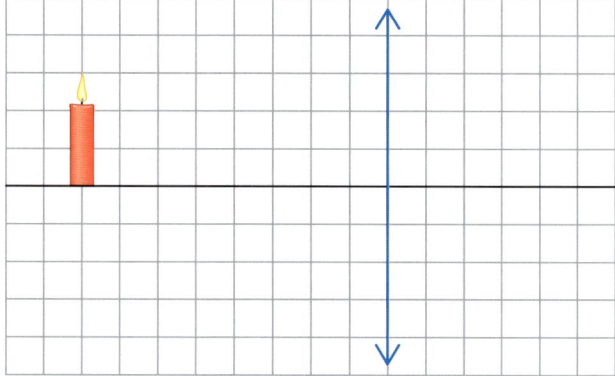

c ☐ Die Gegenstandsweite wird vergrößert. Beschreibe, wie sich die Bildgröße ändert.

2 **Brennweite**

Eine brennende Kerze befindet sich in einer Gegenstandsweite von 7,0 cm vor einer Sammellinse. Auf dem Projektionsschirm erscheint das scharfe Bild der Kerze.

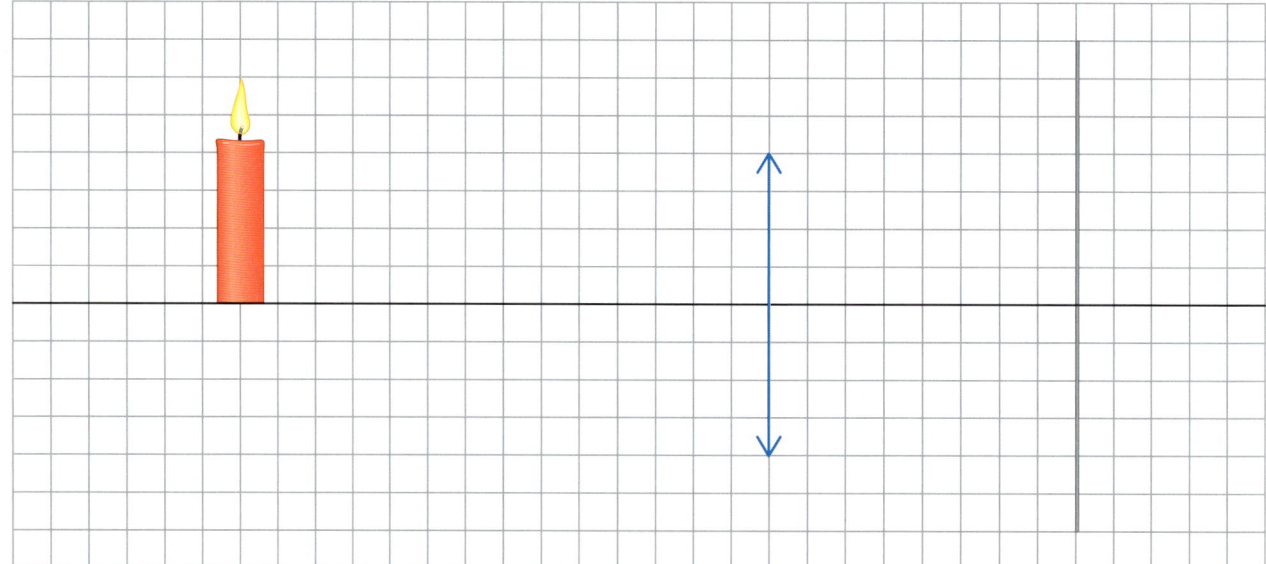

a ☑ Ergänze die Zeichnung und ermittle zeichnerisch die Brennweite f der Linse. Gib sie auf mm genau an.

f = _____

b ☐ Zeichne das Lichtbündel, das von der Flammenspitze ausgeht und die ganze Linse durchdringt, in das Bild dazu.

c ☑ Das scharfe Bild und der Projektionsschirm sollen näher an die Linse rücken. Wie muss sich die Wölbung der Linse ändern, damit die Bildweite kleiner wird? Begründe deine Antwort mit der Brennweite der Linse.

3   **Bildweite**

Ein 3,0 cm großer Gegenstand befindet sich in einer Gegenstandsweite von 6,0 cm vor einer Sammellinse (f = 20 mm). Das Bild des Gegenstands soll auf einem Projektionsschirm aufgefangen werden.

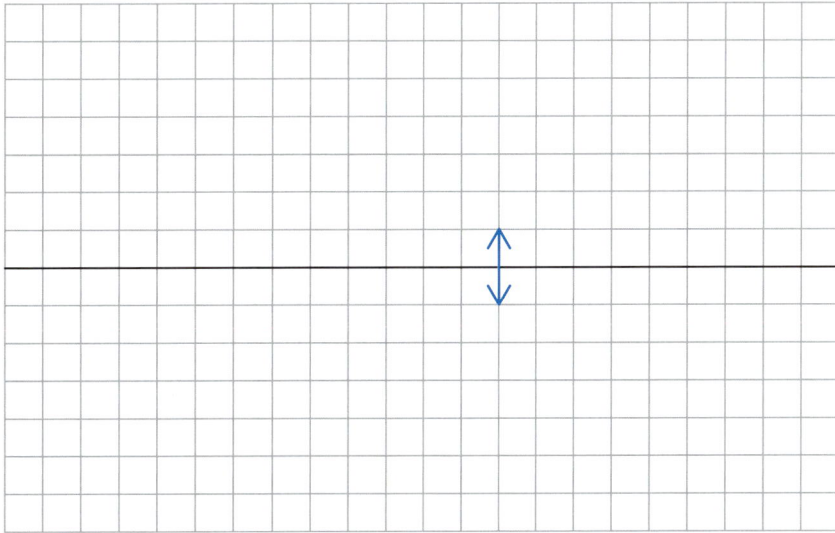

a ☑ Ergänze die Zeichnung und ermittle die Bildweite b und die Bildgröße B. Gib beides auf mm genau an.

b ☑ Das Bild soll bei unveränderter Linsenposition mit einer Bildweite von 4,0 cm auf den Projektionsschirm aufgefangen werden und dabei eine Bildgröße von 3,0 cm haben. Ermittle zeichnerisch die zugehörige Position des Gegenstandes und gib die Gegenstandsweite auf mm genau an.

4   **Lupe**

a ☐ Ergänze folgenden Lückentext so, dass er das Prinzip einer Lupe richtig beschreibt.

Eine Lupe ist eine _____.

Mit ihr kann man Gegenstände vergrößert

betrachten. Damit ein vergrößertes Bild

entsteht, muss die _____

kleiner als die _____ der Linse

sein. Schaut man dann von der gegenstands-

abgewandten Seite durch die Linse, sieht man

ein vergrößertes _____ des Gegen-

stands. Es ist _____ und nicht

_____. Solche Bilder nennt

man _____.

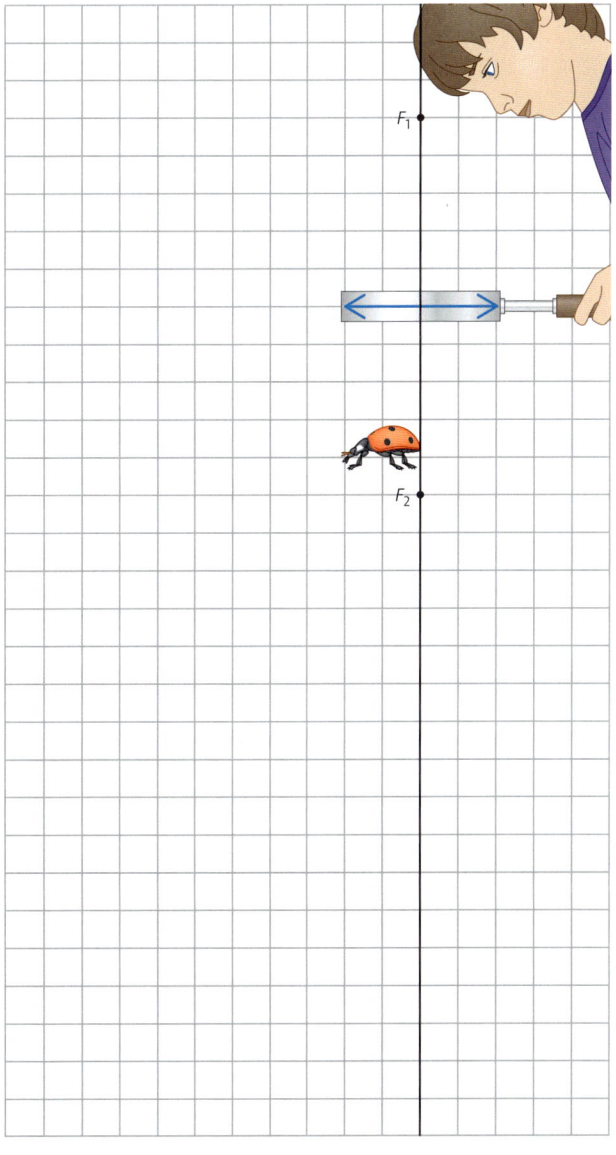

b ■ Konstruiere das virtuelle Bild des Käfers, das Paul durch die Lupe sieht.

c ☑ Beschreibe, wie Paul vorgehen muss, damit er den Käfer noch größer sieht.

_____

_____

_____

Optische Geräte

1 **Fotoapparat**

Tipp: Verwende für die folgenden Zeichnungen Bleistift und Holzfarbstifte. Drücke bei farbigen Markierungen nur leicht auf das Papier, damit die Zeichnung übersichtlich bleibt. Zeichne zunächst dünn mit Bleistift vor, wenn du dir nicht sicher bist.

Zwei Schachfiguren sollen mit dem Objektiv eines Fotoapparats abgebildet werden. Das Objektiv besitzt eine Brennweite von 20 mm.

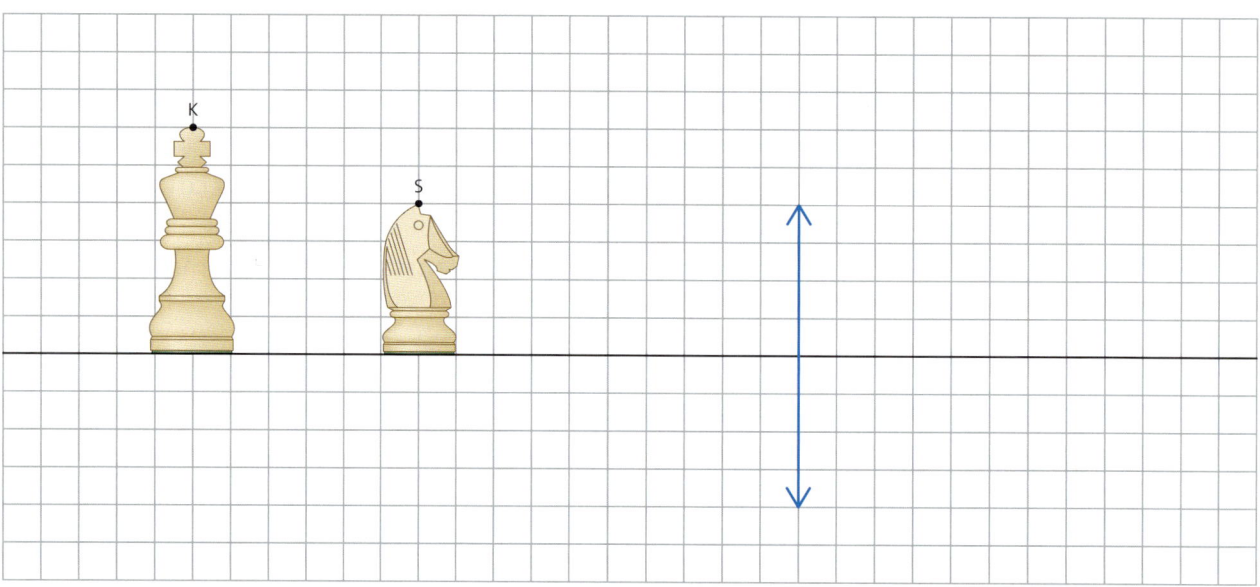

a ☑ Wo muss sich der Bildsensor befinden, damit der König scharf abgebildet wird. Ermittle die Lage des Bildsensors, indem du den Bildpunkt K′ konstruierst. Zeichne dann den Bildsensor als vertikale Linie ein.

Gib die Bildweite $b_{König}$ an: $b_{König}$ = _____.

b ☑ Zeichne mit grüner Farbe das gesamte Lichtbündel ein, das vom Punkt K das Objektiv durchdringt und auf die Bildebene trifft.

c ☑ Konstruiere nun für die gleiche Position des Objektivs den Bildpunkt S′ und markiere mit blauer Farbe das gesamte Lichtbündel, das vom Punkt S aus durch das Objektiv verläuft und auf den Bildpunkt S′ trifft.

d ☑ Erkläre, warum das Bild des Springers auf dem Bildsensor unscharf erscheint.

_____

_____

e ■ 2,0 mm hinter dem Objektiv befindet sich eine Blende, deren Öffnungsdurchmesser auf 4,0 mm eingestellt wird. Zeichne diese Blende in das Bild. Zeichne nun mit roter Farbe das Lichtbündel ein, das jetzt vom Gegenstandspunkt S zum Bildpunkt S′ verläuft. Erkläre, warum das Bild des Springers bei kleiner Blendenöffnung schärfer auf dem Bildsensor erscheint.

_____

_____

2 **Auge**

Die Linse im folgenden Bild stellt das Linsensystem des Auges dar. Vier gleich große Kerzen stehen in unterschiedlichen Abständen vor dem Auge.

a ▨ Konstruiere die Bildpunkte A' – D'.

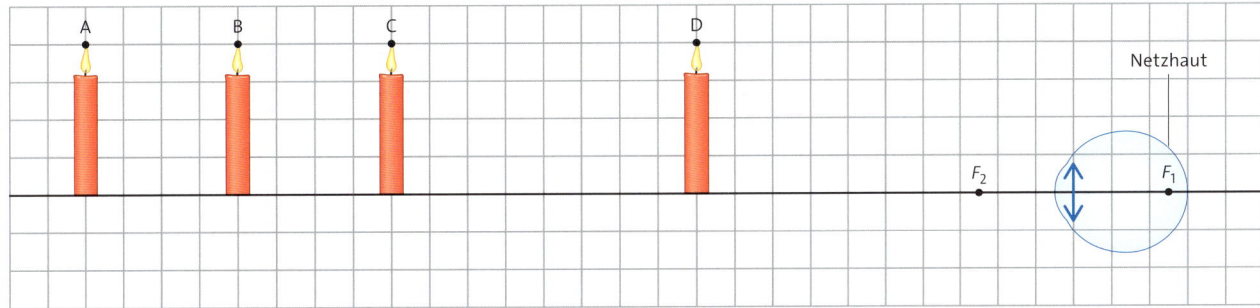

b ▨ Beschreibe die Lage der Bildpunkte.

_____

_____

_____

c ▨ Auch nahe Gegenstände wie die Kerze D können scharf auf der Netzhaut abgebildet werden. Beschreibe und benenne den Vorgang im menschlichen Auge, der dies ermöglicht.

_____

_____

_____

d ▨ Im höheren Alter verringert sich die Elastizität der Augenlinse so, dass sie nicht mehr so stark gewölbt werden kann. Beschreibe das benötigte Hilfsmittel, um nahe Gegenstände zu sehen. Begründe deine Antwort.

_____

_____

_____

3 **Fernrohr**

Das Bild zeigt den Weg des Lichts eines weit entfernten Gegenstands in einem Fernrohr.

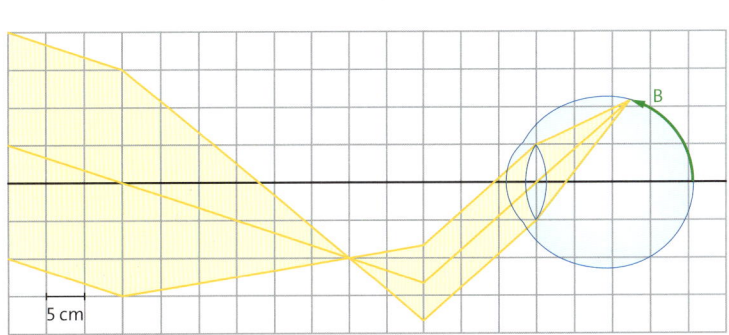

a ▨ Zeichne das Objektiv, das Okular, das Zwischenbild B' und den Sehwinkel ε an der richtigen Stelle ein.

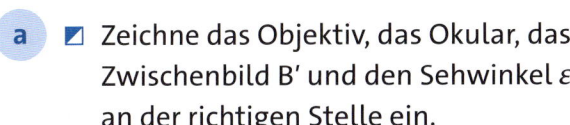

b ▨ Gib die Brennweite von Objektiv und Okular an. (Beachte den Maßstab!)

_____

Prüfungsvorbereitung

1 **Brennglas**

◪ Mit einem Brennglas kann man an einem sonnigen Tag ein Feuer entzünden. Zeichne in das Kästchen die notwenige Linse mit dem vereinfachten Symbol ein. Zeichne dann den Weg des Lichts vor und nach dem Brennglas ein.

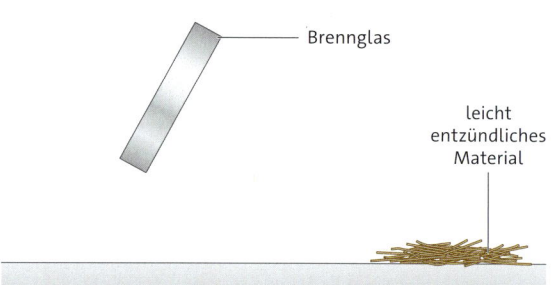

Brennglas

leicht entzündliches Material

2 **Fotoapparat**

Das nebenstehende Bild zeigt einen Fotoapparat.

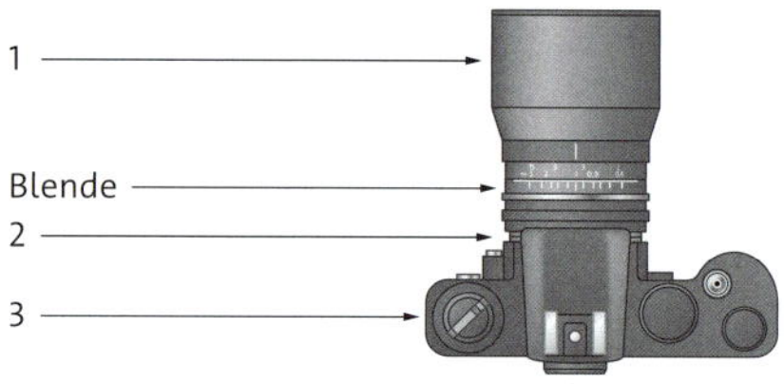

a ☐ Benenne die für die Bildentstehung wichtigen Bauteile, die sich an der jeweils bezeichneten Stelle befinden.

1: _____   2: _____   3: _____

1

Blende

2

3

b ■ Ein Fotograf möchte schnell fahrende Autos bei normaler Helligkeit scharf abbilden. Beschreibe die Einstellungen an seinem Fotoapparat, die er wählen muss. Entscheide, ob die Schärfentiefe bei der Aufnahme groß oder klein ist, und beschreibe, worin sich dies im Bild äußert.

_____

_____

_____

3 **Aufnahme einer Blume**

Ein Fotoapparat hat ein Objektiv mit einer Brennweite von 28 mm. Er ist so eingestellt, dass eine 10 cm entfernte Blume scharf auf dem Bildsensor abgebildet wird.

a ◪ Konstruiere das Bild der Blume mithilfe der Hauptstrahlen. Beschrifte die Hauptstrahlen mit den Fachbegriffen.

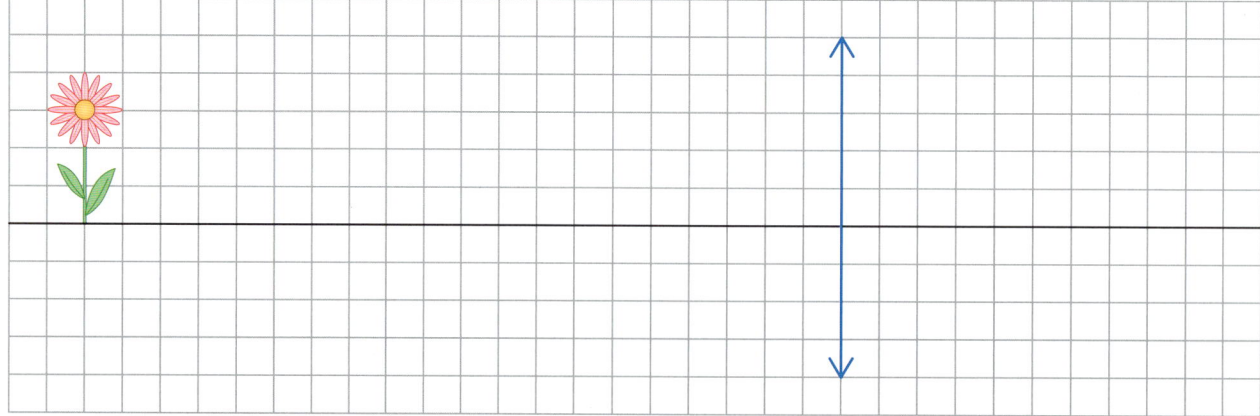

b ■ Beschreibe, was geschieht, wenn die Gegenstandsweite kleiner als 28 mm wird. Gib dafür eine Erklärung.

_____

_____

4 Auge und Fehlsichtigkeit

Das menschliche Auge hat einen ähnlichen Aufbau wie ein Fotoapparat.

a ☐ Ergänze die Tabelle so, dass die sich entsprechenden Bestandteile nebeneinanderstehen.

Fotoapparat	Auge
Blende	
Objektiv	
Bildsensor	

b ☑ Eine Person betrachtet eine Stecknadel aus geringem Abstand. Konstruiere den Bildpunkt P' und entscheide, welche Fehlsichtigkeit vorliegt. Begründe.

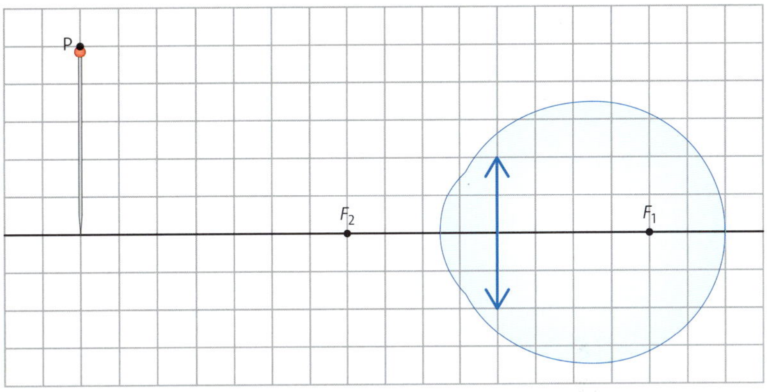

_____

_____

_____

_____

_____

c ☑ Zeichne farbig das Lichtbündel ein, das vom Punkt P ausgeht, die Augenlinse durchdringt und auf den Bildpunkt P' trifft.

d ◼ Beschreibe und erkläre, wie die Fehlsichtigkeit durch eine Brille korrigiert wird. Ergänze dazu die Zeichnung.

_____

_____

_____

_____

5 Fernrohr

Du sollst ein Fernrohr mit möglichst starker Vergrößerung bauen. Dir stehen Sammellinsen mit folgenden Brennweiten zur Verfügung: $f = 50$ mm; $f = 100$ mm; $f = 300$ mm; $f = 500$ mm.

a ◼ Erstelle eine Skizze, die den Aufbau des Fernrohrs wiedergibt. Mache darin deutlich, welche der genannten Linsen in welcher Weise angeordnet sein müssen, und beschrifte Objektiv und Okular.

b ☑ Beschreibe jeweils die Aufgaben von Objektiv und Okular.

_____

_____

Eigenschaften und Herstellung von Magneten

1 **Ferromagnetische Stoffe**

☐ Im Buchstabenrätsel sind drei ferromagnetische Stoffe
versteckt. Finde ihre Namen und notiere sie.

_____

_____

_____

I	A	K	U	P	F	E	R
Z	G	N	T	W	K	C	Z
I	E	I	S	E	N	M	E
N	V	C	W	A	S	S	E
K	E	K	O	B	A	L	T
U	Q	E	L	A	L	S	J
W	X	L	O	U	Z	P	K

2 **Eigenschaften von Magneten – richtig oder falsch?**

a ☐ Kreuze jeweils an, ob die Aussage richtig (r) oder falsch (f) ist.

	Aussage	r	f
1	Die Pole eines Magneten werden Plus- und Minuspol genannt.		
2	Die gleichnamigen Pole zweier Magnete ziehen sich an.		
3	Die Pole eines Magneten sind verschieden.		
4	Die magnetische Anziehung tritt auch ohne direkten Kontakt auf.		
5	Mit der Entfernung nimmt die magnetische Kraftwirkung eines Magneten ab.		

b ☑ Formuliere die falschen Aussagen aus Aufgabenteil **a** so um, dass sie stimmen.

_____

_____

_____

3 **Die Kraft eines Magneten**

a ☑ Beschreibe, was du auf dem nebenstehenden Bild sehen kannst.

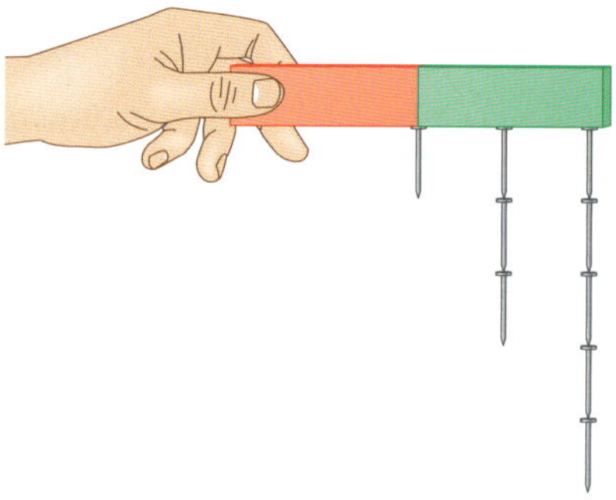

_____

_____

_____

_____

b ☑ Formuliere eine passende Schlussfolgerung. Verwende dabei folgende Begriffe:

Kraftwirkung · am stärksten · indifferente Zone · Pole.

_____

_____

4 **Ausrichtung eines Stabmagneten**

☐ Im nebenstehenden Bild siehst du einen Stabmagneten, der frei drehbar gelagert ist. Ergänze die Bezeichnungen der Pole des Stabmagneten.

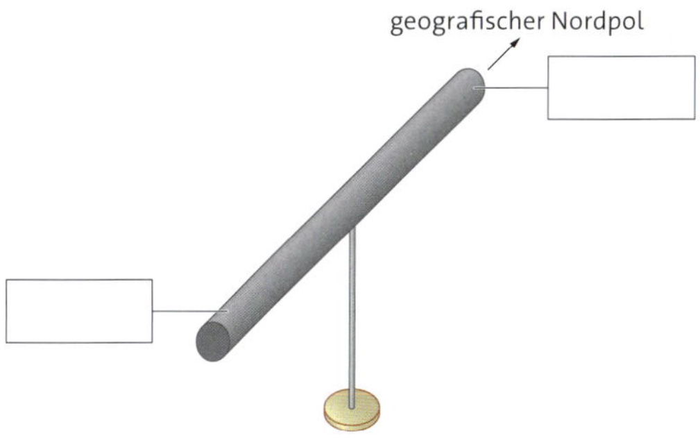

geografischer Nordpol

5 **Verhalten magnetischer Pole**

a ☐ Kreuze Zutreffendes an.

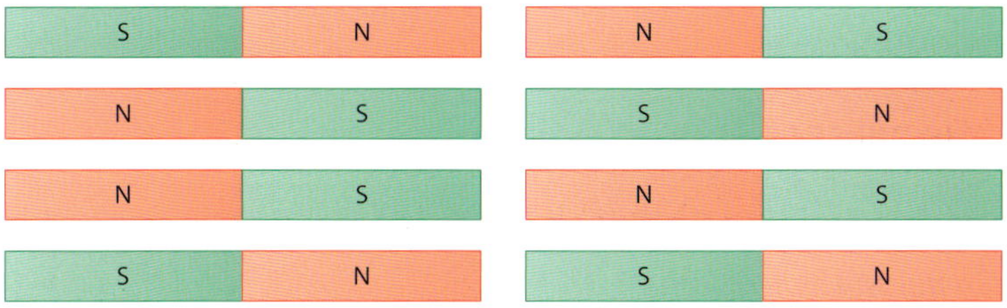

	Die Magnete ziehen sich an.	Die Magnete stoßen sich ab.
S — N N — S		
N — S S — N		
N — S N — S		
S — N S — N		

b ☐ Vervollständige den Merksatz für das Verhalten der Magnetpole.

Gleichnamige Magnetpole _____ und _____

Magnetpole _____ .

6 **Schraubenkette**

Werden Schrauben nacheinander an einen Magneten
gehängt, entsteht eine Schraubenkette.

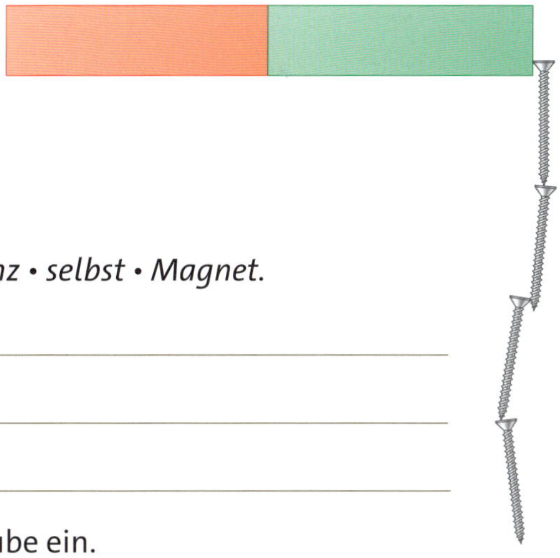

a ■ Erkläre, wieso die Schrauben aneinanderhaften.

Benutze für deine Erklärung folgende Wörter:

Nähe • magnetische Kraftwirkung • magnetische Influenz • selbst • Magnet.

_____

_____

_____

b ◪ Zeichne jeweils den Nord- und den Südpol jeder Schraube ein.

7 **Dauerhafte Magnetisierung**

◪ Fülle die Lücken im Text, benutze dafür folgende Wörter:

Weicheisen • dauerhaft • kurzzeitig • Überstreichen • Dauermagnete • Stahl • magnetisiert.

Hartmagnetische Stoffe wie _____ können im Gegensatz zu _____

durch mehrmaliges _____ mit einem Magneten _____

werden. Man nennt sie dann _____ .

Elementarmagnete und Magnetfeld

1 **Modell zum Aufbau ferromagnetischer Körper**

a ☐ Beschreibe, wie wir uns den Aufbau ferromagnetischer Körper im unmagnetisierten und im magnetisierten Zustand in der Modellvorstellung vorstellen.

_____

_____

_____

_____

_____

_____

b

Julia: *Wenn ich einen Stabmagneten in der Mitte zerbreche, dann erhalte ich einen Nordpol-Magneten und einen Südpol-Magneten.*

◪ Bewerte die Aussage mithilfe des Modells vom inneren Aufbau ferromagnetischer Körper.

_____

_____

_____

_____

2 **Experimente mit einem Stabmagneten**

a ☐ Die beiden Bilder zeigen zwei Versuche mit einem Stabmagneten. Beschreibe jeweils, was im Versuch gemacht wird und welche Auswirkung dies für den Stabmagneten hat.

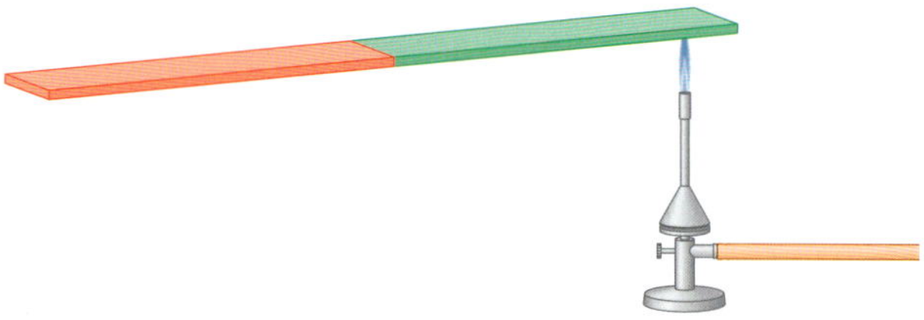

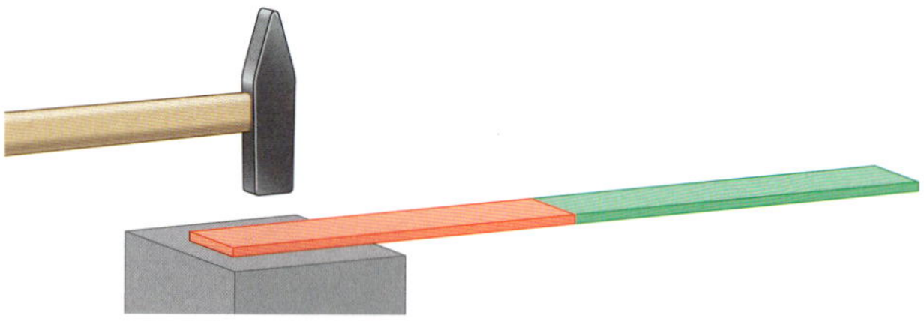

_____   _____

_____   _____

_____   _____

b ☐ Was geschieht mit den Elementarmagneten des Stabmagneten in den beiden Versuchen? Kreuze die richtigen Antworten an.

○ Die Elementarmagnete werden dabei zerstört.

○ Die Elementarmagnete geraten in Unordnung.

○ Die Elementarmagnete richten sich so aus, dass sich ihre Wirkung nach außen aufhebt.

○ Alle Elementarmagnete richten sich gleichsinnig in eine neue Richtung aus.

3 Feldlinienbilder zeichnen

☑ Zeichne die Feldlinienbilder der folgenden Magnete:

4 Ein fehlerhafter Text über Feldlinienbilder

a ☑ Streiche Falsches durch und schreibe die Sätze so um, dass richtige Aussagen entstehen.

> Magnetische Feldlinienbilder lassen sich mithilfe von Kupferspänen herstellen. Dabei werden die Späne in der Nähe von Magneten durch Magie selbst zu Magneten. Späne, die auf einer Linie liegen, stoßen sich gegenseitig ab. Späne, die auf benachbarten Linien liegen, ziehen sich an.

b ■ Tom sagt: „Die Linien aus Eisenspänen um einen Magneten sind die Feldlinien."
Erkläre Tom, warum seine Aussage nicht richtig ist, indem du auf den Modellcharakter der Feldlinien eingehst.

Prüfungsvorbereitung

1 **Eigenschaften von Magneten**

a ☐ Kreuze an, welche Aussage einen Magneten am besten beschreibt.

○ ein Gegenstand, der andere Gegenstände anzieht

○ ein Gegenstand, der Eisen, Nickel oder Kobalt anzieht

○ ein Gegenstand, der von Ferne schon Kräfte ausübt

○ ein Gegenstand, der Gegenstände aus Eisen abstößt

b ☐ Zeichne entweder anziehende (→ ←) oder abstoßende (← →) Kraftwirkung zwischen die dargestellten Stabmagnete. Formuliere dazu auch eine Merkregel.

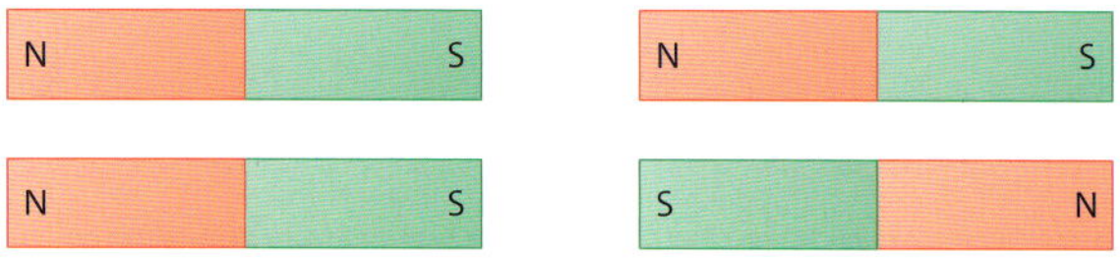

N	S		N	S

N	S		S	N

_____

_____

_____

2 **Magnet zerbrechen**

a ☐ Der Magnet im Bild wird zerbrochen. Male die Bruchstücke so aus, dass ihre Polung richtig wiedergegeben wird.

b ✓ Beschreibe nun in Worten, was passiert, wenn ein Magnet zerbrochen wird.

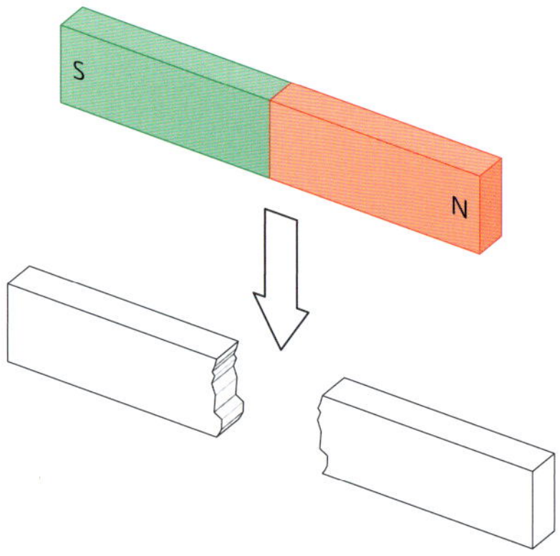

_____

_____

_____

_____

c ✓ Gib eine Erklärung dafür. Gehe dazu auf den Aufbau eines ferromagnetischen Stoffs ein.

_____

_____

_____

3 **Magnetische Influenz**

■ Beschreibe, was man unter magnetischer Influenz versteht, und erkläre das Phänomen mithilfe der Modellvorstellung.

_____

_____

_____

_____

_____

4 **Feldlinienbilder**

a ☑ Im Bild siehst du ein Muster aus Eisenspänen, das durch Magnete entstanden ist. Kreuze Zutreffendes an.

○ Eine Kompassnadel richtet sich entlang der Eisen- späne aus.

○ Die beiden Pole sind magnetische Monopole.

○ Die Magnete ziehen einander an.

○ Mit Kupferspänen ergibt sich ein ähnliches Muster.

b ☑ Feldlinien sind Modellvorstellungen. Erkläre den Nutzen dieser Modellvorstellung.

_____

_____

_____

c ☑ Nenne mindestens drei Aspekte, die beim Zeichnen von Feldlinien zu beachten sind.

_____

_____

_____

_____

d ☑ Ein Eisenring liegt neben einem Stabmagneten. Zeichne das Feldlinienbild des Stabmagneten innerhalb des Rechtecks. Zeichne zusätzlich an die Punkte A, B und C die Ausrichtung frei drehbarer Magnetnadeln:

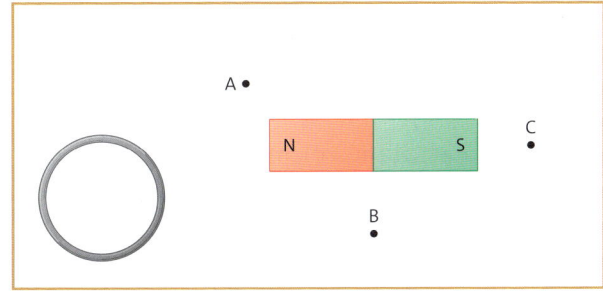

5 **Erdmagnetfeld**

☑ Zeichne in das Bild die Rotations- achse der Erde ein und beschrifte alle Pole (magnetische und geografische). Skizziere dann das Magnetfeld der Erde.

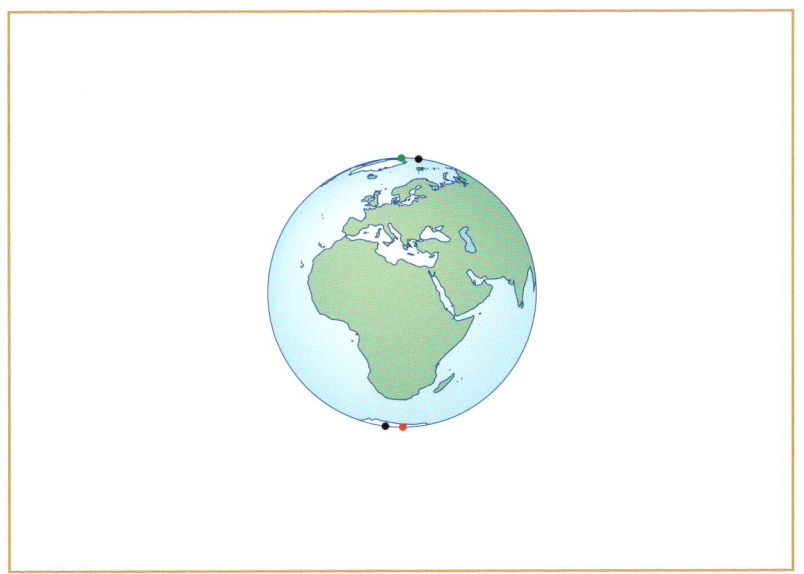

Elektrische Stromkreise

1 **Merksatz**

☐ Vervollständige den Merksatz.

Ein elektrischer Stromkreis ist eine Verknüpfung aus _____,

_____ und _____. Damit ein

elektrisches Gerät funktioniert, muss es mit der korrekten _____ betrieben

werden. Diese lässt sich anhand der Aufschrift seiner _____ erkennen.

2 **Sicherheitsregeln**

a ☐ Formuliere eine Sicherheitsregel für das Experimentieren mit elektrischen Stromkreisen im Physikunterricht. Nutze die vorgegebenen Begriffe.

Benutze • regelbare Elektrizitätsquellen • Batterien • Steckdosen

_____

_____

b ■ Ali sagt: „Bevor man bei einem Elektrounfall Erste Hilfe leistet, muss man sicherstellen, dass man sich nicht selbst gefährdet." Beschreibe, was Ali mit dieser Aussage meint.

_____

_____

_____

3 **Schaltpläne zeichnen**

◩ Zeichne unter die folgenden Stromkreise den zugehörigen Schaltplan:

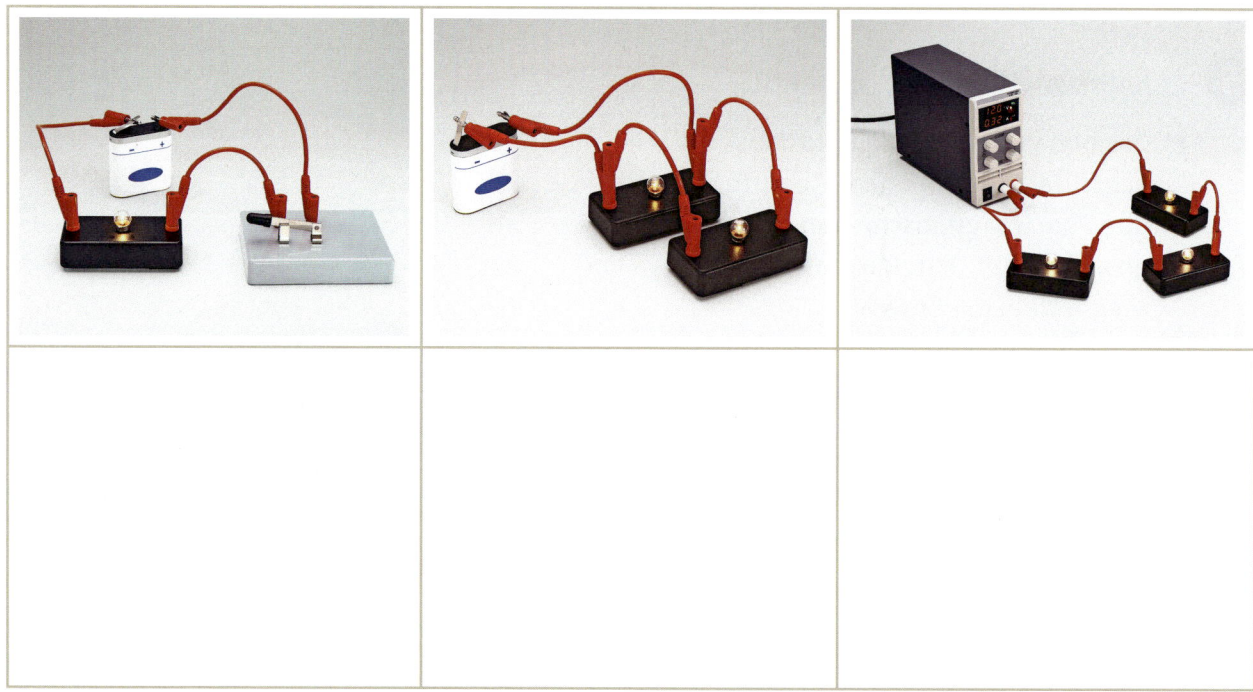

4 **Toms Stromkreis**

Tom will eine Gartenlampe mit einer Batterie betreiben. Er erstellt dafür den nebenstehenden Schaltplan.

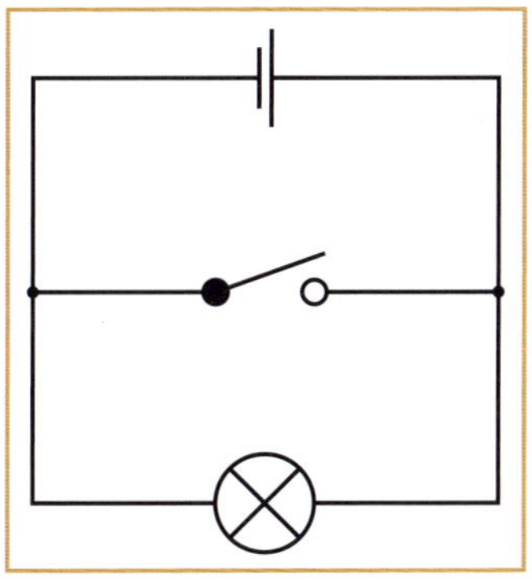

a ◪ Bewerte Toms Stromkreis.

_____

_____

b ◼ Beschreibe, was passiert, wenn Tom den Schalter schließt.

_____

_____

c ◼ Beschreibe, wie du die Schaltung verändern würdest, und erstelle einen neuen Schaltplan unter Toms Plan.

_____

_____

_____

5 **Buchstabenrätsel**

☐ Im Buchstabenrätsel sind sieben physikalische Begriffe zum Thema Elektrischer Strom versteckt. Finde sie und notiere die Begriffe.

H	W	J	B	K	X	G	H	J	K	O	P
X	S	P	A	N	N	U	N	G	H	Z	K
V	O	L	T	D	V	B	J	K	W	J	L
D	J	S	T	R	O	M	K	R	E	I	S
M	L	K	E	Q	W	F	G	U	I	J	D
C	K	U	R	Z	S	C	H	L	U	S	S
F	T	I	I	Q	F	E	O	E	P	L	
N	G	L	E	K	M	D	Q	D	B	E	I
M	S	C	H	A	L	T	E	R	M	O	P

_____

_____

_____

Elektrischer Strom – Wo er fließt und was er macht

1 **Merksatz**

☐ Vervollständige den Merksatz.

Alle _____ sind gute elektrische Leiter. Glas, Keramik und Kunststoffe sind _____.

_____ können sowohl Leiter als auch Nichtleiter sein, wohingegen _____ in der

Regel Isolatoren sind. Bei _____ können Gase unter bestimmten Voraus-

setzungen zu Leitern werden. Der menschliche Körper ist ein _____. Der elektrische Strom

hat in metallischen Leitern und Graphit eine starke _____, in Flüssigkeiten eine

_____ und in Gasen eine _____. Der elektrische Strom ver-

ursacht immer ein _____, dass bei ferromagnetischen Stoffen eine _____

Kraftwirkung hervorruft.

2 **Wirkungen des elektrischen Stroms**

a ☐ Nenne jeweils die Wirkung des elektrischen Stroms, die gezeigt ist.

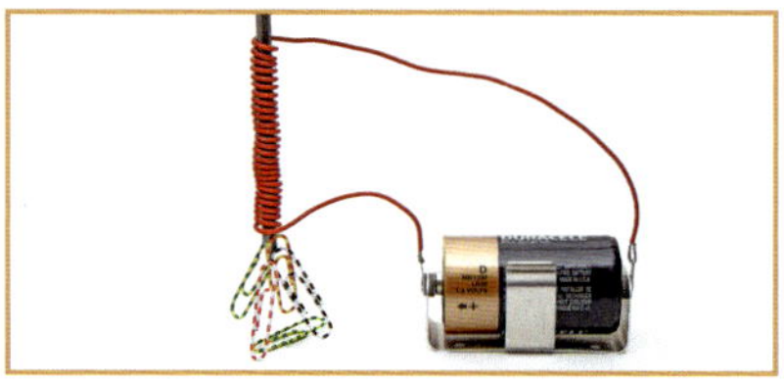

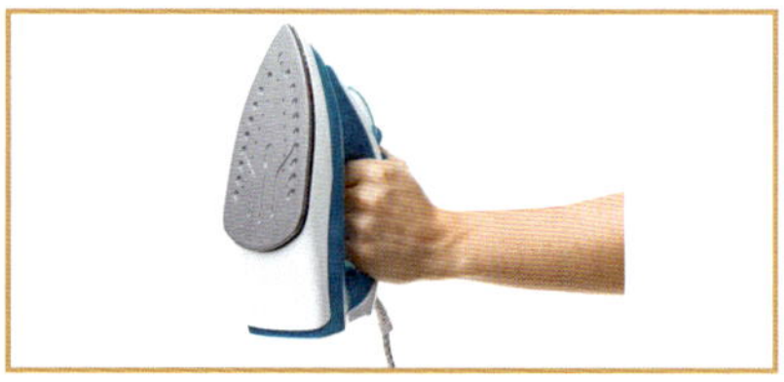

_____ _____ _____

b ☐ Finde die 6 elektrischen Geräte im Buchstabenrätsel und ordne sie den Wirkungen zu.

E	R	L	W	J	B	K	O	T	H	B	C	N	P
F	V	E	L	E	K	T	R	O	L	Y	S	E	K
K	H	D	U	Z	Q	O	J	A	J	D	V	O	L
P	E	H	E	I	Z	K	I	S	S	E	N	N	S
L	H	E	I	Z	L	Ü	F	T	E	R	W	R	D
I	U	C	K	M	N	T	C	E	D	Z	F	Ö	N
S	C	H	R	O	T	T	K	R	A	N	F	H	
W	E	N	D	S	C	V	J	Ö	P	Q	E	R	I
C	X	M	G	L	I	M	M	L	A	M	P	E	T

Wärmewirkung: _____   Magnetische Wirkung: _____

Leuchtwirkung: _____

3 **Untersuchung vom Gegenständen auf ihre Leitfähigkeit**

In einem Versuch sollen Stoffe, entsprechend der nebenstehenden Skizze, auf ihre elektrische Leitfähigkeit untersucht werden.

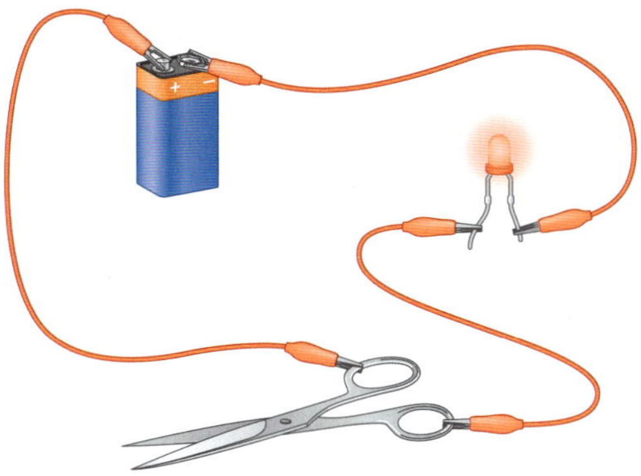

a ☐ Benenne die im Versuch benötigten Bauteile.

_____

_____

_____

b ◩ Zeichne eine passende Schaltskizze in das nebenstehende Kästchen.

c ◩ Kreuze an, bei welchen Gegenständen die Lampe leuchten wird.

Untersuchter Gegenstand	Lampe leuchtet
Schere	
Radiergummi	
Bleistiftmine	
Alufolie	
Kupfermünze	
Glas mit Salzwasser	
Glas mit Zuckerwasser	

d ■ Entscheide, ob die Lampe leuchten wird, wenn der Stromkreis wie im nebenstehenden Bild geschlossen wird. Begründe deine Anwort.

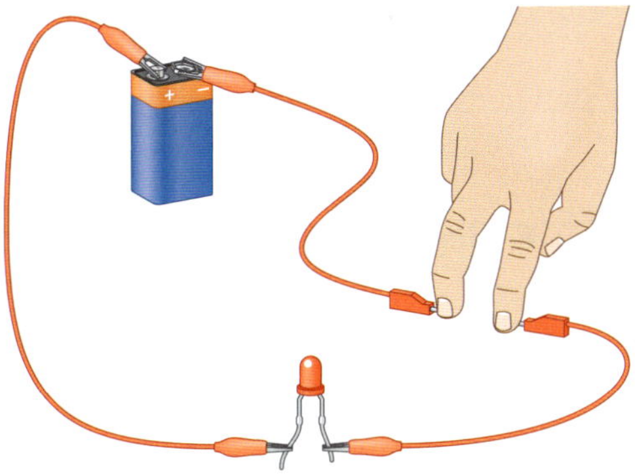

_____

_____

_____

_____

4 **Haartrockner in Hotels**

■ Manche Hotels haben fest eingebaute Haartrockner im Bad. Die Kabel dieser Geräte sind so kurz, dass sie nicht bis zur Badewanne reichen. Begründe die Maßnahme aus physikalischer Sicht.

_____

_____

_____

_____

Prüfungsvorbereitung

1   **Bauteile eines Stromkreises**

☐ Benenne die Bauteile im abgebildeten
Stromkreis.

1: _____

2: _____

3: _____

4: _____

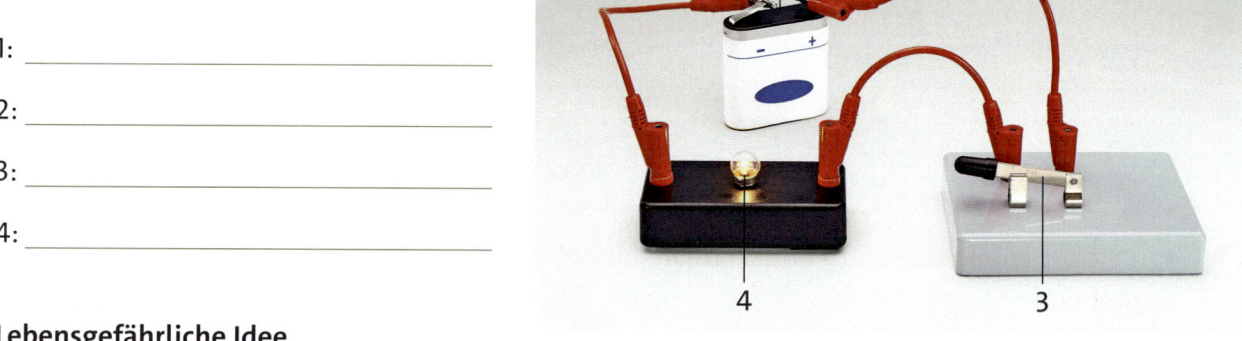

2   **Lebensgefährliche Idee**

Das nebenstehende Bild zeigt die Verkabelung von Herrn Lebensmüde für
seinen Fernseher im Swimmingpool.

a ▪ Erkläre, warum von dieser Situation
eine tödliche Gefahr für Herrn Lebensmüde ausgeht und auf keinen Fall
nachgemacht werden darf.

_____

_____

_____

_____

_____

_____

b ◪ Begründe, warum die Idee trotz vorhandenem Fehlerstrom-Schutzschalter lebensgefährlich ist.

_____

_____

3   **Leiter oder Nichtleiter?**

☐ Ordne folgende Stoffe in die Tabelle ein:

Eisen • Kupfer • Plastik • Graphit • Keramik • Holz • Sauerstoff • Salzwasser • Zuckerwasser • Blut.

Leiter	Nichtleiter

Kraft in der Physik

Alltagssprache – Fachsprache

1

a) □ Unterstreiche alle Begriffe, die Kräfte im physikalischen Sinne meinen.

Waschkraft · <u>Gravitationskraft</u> · Sehkraft · politische Kraft · Arbeitskraft · <u>Gewichtskraft</u> · <u>beschleunigende Kraft</u> · Fachkraft · Durchsetzungskraft

b) In der Alltagssprache sagt man: „Thomas hat Kraft." Physikalisch gesehen, kann ein Mensch keine Kraft haben. Er kann Kräfte ausüben, die auf andere Objekte wirken. Folgende Aussagen sind physikalisch sinnvoll:

Thomas übt eine Kraft auf den Baumstamm aus.
Die Kraft wirkt auf den Baumstamm: Er wird beschleunigt.

Formuliere physikalisch sinnvolle Aussagen. Halte dabei eine sinnvolle Reihenfolge der auftretenden Kraftwirkungen ein.

Stabhochspringerin (Stab)
Die Stabhochspringerin übt eine Kraft auf den Stab aus.
Die Kraft wirkt auf den _Stab_ : Er wird _verformt._

Tennisspielerin (Ball)
Die Tennisspielerin übt eine Kraft auf den Ball aus.
Die Kraft wirkt auf den Ball: Er wird abgebremst, verformt, ändert seine Richtung und wird wieder beschleunigt.

Torwart (Fussball)
Der Torwart übt eine Kraft auf den Fussball aus.
Die Kraft wirkt auf den Ball: Er wird abgebremst und verformt. Falls er den Ball wegstößt, ändert der Ball auch seine Richtung und wird wieder beschleunigt.

Die physikalische Größe Kraft

2

□ Fülle die Lücken so, dass ein sinnvoller Text entsteht.

Wirkt eine Kraft auf einen Körper, kann dies beim Körper zu einer Änderung _seines_ _Bewegungszustands_ führen: Er kann _beschleunigt_ oder _abgebremst_ werden oder _seine_ Richtung ändern. Auch wenn ein Körper _vorübergehend_ oder _dauerhaft_ verformt wird, ist die _Ursache_ hierfür _eine Kraft_, die diese Wirkungen hervorbringt.

Eine Kraft kann man nicht _sehen_ . Man kann sie nur an ihren _Wirkungen_ erkennen.

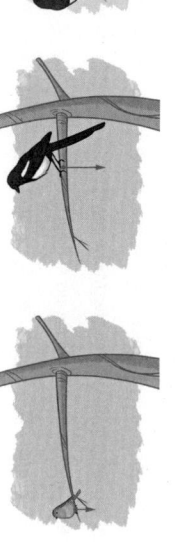

Kraft – eine vektorielle Größe

3

Zeichne qualitativ Kraftpfeile ein, sodass damit die unterschiedlichen Kraftwirkungen auf den Ast dargestellt werden. Achte dazu jeweils auf Position und Länge des Kraftpfeils.

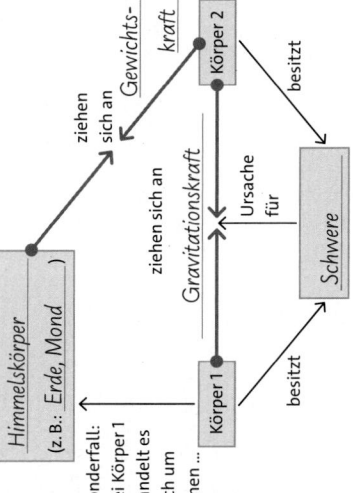

Begriffsnetz

4

Fülle die folgenden Begriffe in die nebenstehenden Lücken, sodass die Beziehung zwischen den Begriffen deutlich wird:
Erde · Gravitationskraft · Gewichtskraft · Mond · Himmelskörper · Schwere.

Diagramm:
Himmelskörper (z.B.: *Erde, Mond*)
ziehen sich an — *Gewichtskraft*
Gravitationskraft
Körper 2 — besitzt → *Schwere*
Körper 1 — besitzt
ziehen sich an
Ursache für
Sonderfall: Bei Körper 1 handelt es sich um einen ...

Cavendish und die Gravitation

5

Beschreibe das Experiment von Cavendish mithilfe der Wortliste und der Wörter im Satzbaukasten. Diese Wörter können mehrmals verwendet werden.

Kugeln · Lichtbündel · Spiegel · Faden · Projektionsfläche

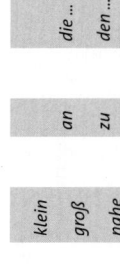

dünner Draht
Spiegel

Zuerst	*bringen*	*man*	*den ...*	*klein*	*die ...*	*den ...*
Dann	*bewegen*	*sich*	*die ...*	*groß*	*an*	
Dabei	*verdrillen*		*der ...*	*nahe*	*zu*	
Dadurch	*drehen*					

Zuerst bringt man die großen Kugeln nahe an die kleinen Kugeln.
Dann bewegen sich die kleinen Kugeln zu den großen Kugeln.
Dabei verdrillt sich der Faden. Dabei dreht sich der Spiegel.
Dadurch bewegt sich das Lichtbündel.

Trägheit und Masse

Jeder Körper ist träge

1 ▪ Begründe die gezeigten Vorgänge mit der Trägheit der jeweiligen Körper. Befülle dazu die Textlücken. Zeichne und beschreibe im freien Kästchen eine weitere Situation, die mit Trägheit zu tun hat, und begründe sie.

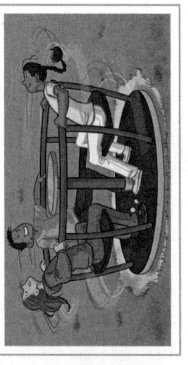

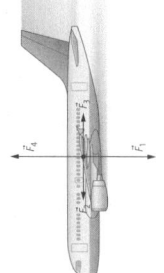

Wenn eine Person im Freefall-Tower nach unten fällt, ändert sich ihr momentaner *Bewegungszustand* . Die Haare behalten aufgrund ihrer *Trägheit* ihren ursprünglichen *Bewegungszustand* bei. Der Rest des Körpers bewegt sich deshalb *schneller* nach unten.

Wenn sich die Kinder mit dem Karussell im Kreis drehen, *wird der Bewegungszustand ihres Sitzes geändert. Die Kinder behalten aufgrund ihrer Trägheit ihren ursprünglichen Bewegungszustand bei. Sie werden deshalb gegen die Sitzlehne gedrückt.*

Wenn der Fahrradfahrer mit der vorderen Handbremse bremst, *wird der Bewegungszustand des Vorderreifens geändert. Der hintere Teil des Fahrrads und der Fahrradfahrer behalten aufgrund der Trägheit ihren ursprünglichen Bewegungszustand bei und bewegen sich geradlinig weiter.*

Verschiedene Lösungen

Bewegung eines Flugzeugs

An einem fliegenden Flugzeug greifen vier Kräfte an.

2

a ☐ Ordne den folgenden Kräften die entsprechende Nummer im Bild zu:

Antriebskraft: $\vec{F}_2$ Auftriebskraft: $\vec{F}_4$

Gewichtskraft: $\vec{F}_1$ Luftwiderstandskraft: $\vec{F}_3$

b ▪ Beschreibe die Bewegung des Flugzeugs und begründe diese mit dem Trägheitssatz.

Das Flugzeug führt eine geradlinig gleichförmige Bewegung aus, da sich alle Kräfte im Gleichgewicht befinden und keine resultierenden Kräfte am Flugzeug angreifen.

Umwandlung von Einheiten

3 ☐ Ergänze die Lücken.

5,6 mg = _0,0056_ g   57·10⁻³ _t_ = 57 kg = 57·10³ _g_

8 691 g = _8,691_ kg = 0,008 691 _t_   300 mg = _0,300_ g = _0,300_ ·10⁻³ kg

1894 mg = _1,894_ g = _0,001894_ kg   50 mg = _0,050_ g = 0,050·10⁻³ kg = 50·10⁻⁶ kg

Zwei Wagen

Zwei Wagen werden unterschiedlich schwer beladen. Eine Schraubenfeder wird mithilfe von Bremsklötzen zwischen die Wagen gespannt.

4

a ▪ Trage in das Bild die Kraftpfeile für die Kräfte ein, die die Feder auf die beiden Wagen ausübt. Was kann über den Betrag der Kräfte ausgesagt werden?

Der Betrag der Kräfte ist gleich.

b ☐ Kreuze an, was passiert, wenn man die Bremsklötze entfernt.

   ◯ Beide Wagen bewegen sich mit gleicher Geschwindigkeit.

   ◯ Der Wagen mit der größeren Masse bewegt sich mit größerer Geschwindigkeit.

   ☒ Der Wagen mit der kleineren Masse bewegt sich mit größerer Geschwindigkeit.

c ▪ Begründe deine Entscheidung aus Aufgabenteil b.

Der Wagen mit der größeren Masse ist träger als der Wagen mit der kleineren Masse. Das heißt, dass sein Bewegungszustand durch dieselbe Kraft nicht so stark geändert wird.

Kraftmessung und Ortsfaktor

1 Größe oder Einheit?

a) Umrande alle Größensymbole in Rot und alle Einheitensymbole in Grün (Dopplungen möglich).

(g) – (F) – (m) – (l) – (s) – (N) – (t)

b) Benenne alle Größen und Einheiten.

Größen: *g: Ortsfaktor, F: Kraft, m: Masse, l: Länge, s: Strecke, t: Zeit*

Einheiten: *g: Gramm, m: Meter, s: Sekunde, N: Newton, t: Tonne*

2 Rund um den Federkraftmesser

a) Beschrifte die Bestandteile der Grafik.

1 Schraubenfeder

2 in Newton geeichte Skala

3 Hülse zur Nullpunkteinstellung

b) Beschreibe und begründe die Bedeutung von Bauteil 3.

Dieses Bauteil dient dazu, den Kraftmesser auf null zu stellen. Dies ist nötig, weil sich die Feder, je nachdem wie man den Kraftmesser hält (waagrecht, senkrecht, schräg), unterschiedlich weit ausdehnt, auch ohne dass eine Kraft gemessen wird.

c) Lies den am Kraftmesser angezeigten Wert für den Betrag der Kraft ab. Überlege jedes Mal, wie groß der Betrag der Kraftänderung zwischen zwei Teilstrichen ist.

10,0 N	10,0 N	1,00 N
6,0 N	2,3 N	0,30 N

1,00 N	2,00 N	2,00 N
0,12 N	1,20 N	1,46 N

3 Richtig oder falsch? – Gewichtskraft und Masse

Kreuze jeweils an, ob die Aussage richtig (r) oder falsch (f) ist.

	Aussage	r	f
1	Gewichtskraft und Masse eines Körpers sind gleich.		X
2	Die Gewichtskraft eines Körpers auf der Erde beträgt ca. 600 N, wenn der Körper auf der Erde eine Masse von 60 kg besitzt.	X	
3	Die Quotienten aus Gewichtskraft und Masse verschiedener Körper sind an einem Ort gleich.	X	
4	Der Quotient aus Gewichtskraft und Masse eines Körpers ist an jedem Ort gleich.		X

4 Rechnen

Berechne die fehlenden Werte in der Tabelle. Notiere in den Kästchen jeweils den vollständigen Rechenweg.

F_G	m	g
$F_G = m \cdot g$ $\Leftrightarrow F_G = 0{,}065 \, kg \cdot 19{,}81 \, \frac{N}{kg}$ $\Leftrightarrow F_G = 1{,}3 \, N$	65 g	19,81 $\frac{N}{kg}$
491 N	125 kg	$g = \frac{F_G}{m}$ $\Leftrightarrow g = \frac{491 \, N}{125 \, kg}$ $\Leftrightarrow g = 3{,}93 \, \frac{N}{kg}$
564 kN	$m = \frac{F_G}{g}$ $\Leftrightarrow m = \frac{564 \cdot 10^3 \, N}{1{,}62 \, \frac{N}{kg}}$ $\Leftrightarrow m = 348 \cdot 10^3 \, kg$	1,62 $\frac{N}{kg}$

5 Sätze bilden

Nutze alle Wortfelder, um sinnvolle Definitionen und Aussagen zu formulieren.

Newton	Gewichtskraft	Körper erfahren	Kilogramm	ortsunabhängig
Waage	Masse	Schwere	Kraft	Federkraftmesser	Trägheit	anziehenden
Körpereigenschaften	Körper besitzen	Gravitationskraft	ortsabhängig

Körper besitzen eine bestimmte Masse. Die Masse wird mit Waagen gemessen und in Kilogramm angegeben.

Körper können eine Kraft erfahren. Die Kraft wird mit Federkraftmessern gemessen und in Newton angegeben.

Die Masse beschreibt die beiden ortsunabhängigen Körpereigenschaften Schwere und Trägheit.

Die Schwere ist die Ursache für die anziehenden Gravitationskräfte.

Die Gewichtskraft ist eine ortsabhängige Größe.

Wechselwirkungskräfte und Kräftegleichgewicht

Wechselwirkungskräfte oder Gleichgewichtskräfte?

1

a ☐ Kreuze an, ob es sich in den folgenden Situationen jeweils um Wechselwirkungskräfte oder Gleichgewichtskräfte handelt, und begründe deine Angabe.

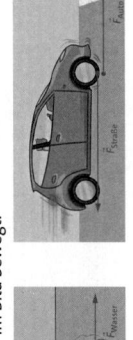

Der Kunststoffstab übt die Kraft $\vec{F}_{Stab}$ auf den Wasserstrahl aus. Der Wasserstrahl übt die Kraft $\vec{F}_{Wasser}$ auf den Kunststoffstab aus.

geriebener Kunststoffstab
$\vec{F}_{Stab}$
Wasserstrahl
$\vec{F}_{Wasser}$

Der Stein wird mit gleichbleibender Geschwindigkeit nach oben bewegt. Der Kran übt dabei eine Haltekraft $\vec{F}_{Halte}$ auf den Stein aus. Die Erde übt eine Gewichtskraft $\vec{F}_G$ auf den Stein aus.

$\vec{F}_{Halte}$
$\vec{F}_G$

⊗ Wechselwirkungskräfte
◯ Gleichgewichtskräfte

Begründung: *Die Kräfte greifen an zwei Körpern an. Sie sind betragsgleich und entgegengesetzt gerichtet.*

◯ Wechselwirkungskräfte
⊗ Gleichgewichtskräfte

Begründung: *Die Kräfte greifen am selben Körper an. Sie sind betragsgleich und entgegengesetzt gerichtet.*

b ☑ Zeichne jeweils die beiden Kraftpfeile in die Bilder ein.

Kräftegleichgewicht

2

■ Die gezeigten Körper befinden sich in Ruhe. Ergänze jeweils die zweite Kraft, mit der sich die eingezeichnete Kraft im Gleichgewicht befindet. Befülle die Lücken so, dass hervorgeht, welcher Körper die von dir eingezeichnete Kraft ausübt und an welchem Körper sie angreift.

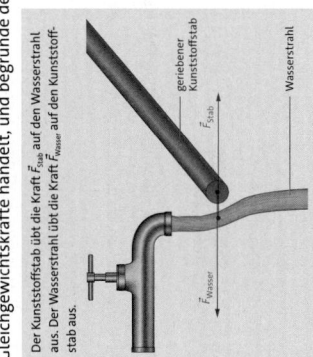

$\vec{F}_G$
$\vec{F}_{Sprungbrett}$

Das Sprungbrett übt die Kraft aus.

Die Kraft greift an *der Person* an.

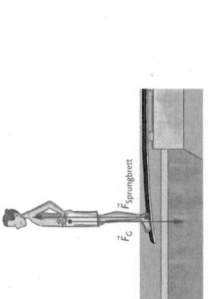

$\vec{F}_{Gestell}$
$\vec{F}_{G, Schaukel}$
Schaukelgestell
Schaukel

Die Erde / Die Schaukel übt die Kraft aus. Die Kraft greift an *dem Aufhänge-punkt der Schaukel* an.

Wechselwirkungsprinzip

3

☑ Zeichne die fehlenden Wechselwirkungskräfte ein. Befülle die Lücken im Text so, dass deutlich wird, wodurch sich der jeweilige Körper im Bild bewegt.

$\vec{F}_{Schwimmerin}$
$\vec{F}_{Wasser}$

Das Wasser übt eine Kraft auf *die Schwimmerin* aus, sodass sich diese fortbewegt.

$\vec{F}_{Auto}$
$\vec{F}_{Straße}$

Die Straße übt eine Kraft auf *das Auto* aus, sodass es abgebremst wird.

Federdruckpistole

4

In einer Federdruckpistole ist eine Schraubenfeder so gespannt, dass sie von links eine Kraft auf eine Kugel ausübt. Der Abzugshebel übt eine Kraft von rechts auf die Kugel aus. Michael hat das Kräftegleichgewicht wie folgt dargestellt:

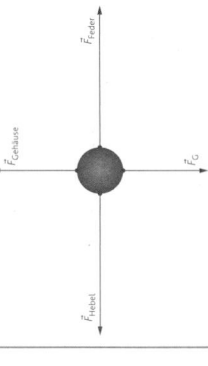

$\vec{F}_{Gehäuse}$
$\vec{F}_{Feder}$
$\vec{F}_{Hebel}$
$\vec{F}_G$

a ☑ Beschreibe, was Michael falsch gemacht hat.

Die Kraftpfeile greifen nicht am Körper an, auf den die Kräfte wirken.

b ☑ Erstelle eine neue Zeichnung, in der die Kräfte richtig eingezeichnet sind.

$\vec{F}_{Feder}$
$\vec{F}_{Hebel}$
$\vec{F}_{Gehäuse}$
$\vec{F}_G$

c ☑ Betätigt man den Hebel, fliegt die Kugel heraus. Die Bewegung der Kugel wurde in zwei Phasen unterteilt. Zeichne jeweils qualitativ die Kraftpfeile aller Kräfte ein, die auf die Kugel wirken.

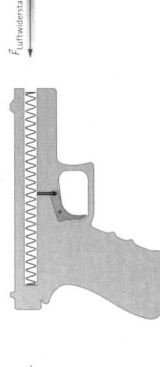

$\vec{F}_{Gehäuse}$
$\vec{F}_{Luftwiderstand}$
$\vec{F}_{Feder}$
$\vec{F}_G$

Die Kugel bewegt sich nach rechts und wird immer schneller.

$\vec{F}_{Luftwiderstand}$
$\vec{F}_G$

Die Kugel bewegt sich nach rechts und Richtung Boden.

Gesetz von Hooke

1 Verformungen

☐ Fülle die Lücken so, dass ein sinnvoller Text entsteht.

Eine Verformung, bei der ein Körper nach **Krafteinwirkung** wieder in seine ursprüngliche Form zurückkehrt, nennt man *elastische* Verformung. Von einer *plastischen* Verformung spricht man, wenn ein Körper nach **Einwirken einer Kraft** dauerhaft verformt ist. Dabei wird seine ursprüngliche Form *zerstört* .

2 Bungee-Jumping im Kinderzimmer

☑ Anna lässt ihre Puppe einen Bungee-Jumping-Sprung von ihrem Hochbett ausführen. Aus dem Nähkästchen ihrer Mutter nimmt sie ein Gummiband, das sie am Fuß ihrer Puppe befestigt. Das Gummiband ist zu Beginn 0,35 m lang. Nach dem Sprung stellt Anna fest, dass das Gummiband nun länger ist, als es vor dem Sprung war. Gib zwei mögliche Gründe dafür an, indem du die folgenden Sätze vervollständigst:

1. Mögliche Ursache: Das Gummiband war von Anfang an *kein* elastischer Körper. Deshalb wurde es durch die Krafteinwirkung *dauerhaft verformt* .

2. Mögliche Ursache: Durch die **Krafteinwirkung** beim Sprung wurde das Gummiband über seinen *Elastizitätsbereich* gedehnt. Deshalb wurde es *dauerhaft verformt* .

3 Zerreißprobe

In der Technik werden neu hergestellte Werkstoffe in einer Zerreißprobe auf ihre Belastbarkeit geprüft. Aus dem zu prüfenden Material wird dazu ein Probestab gefertigt. Auf den Stab wird dann eine Kraft ausgeübt, die ihn auseinanderzieht. Diese Kraft wird so lange erhöht, bis der Stab reißt. Ein Computer zeichnet den Zusammenhang zwischen der einwirkenden Kraft und der Längenänderung des Probestabs auf. Für einen Stahlstab ergibt sich das nebenstehende Diagramm.

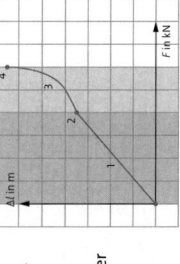

☑ Beschreibe die gekennzeichneten Abschnitte des Diagramms (1–4) unter Verwendung der Fachbegriffe.

1: *Die einwirkende Kraft ist direkt proportional zur Längenänderung des Stahlstabs. Es gilt das Gesetz von Hooke. Der Stab wird elastisch verformt.*

2: *Hier ist die Grenze des Elastizitätsbereichs des Stahlstabs erreicht.*

3: *Es wirkt ein zu großer Kraftbetrag auf den Stab ein und verformt ihn dauerhaft. Seine ursprüngliche Form wird zerstört.*

4: *Der Stab zerreißt.*

---

4 Kraftmesser

Max will in einem Diagramm den Zusammenhang zwischen der einwirkenden Kraft F und der Längenänderung Δl bei einem Kraftmesser darstellen. Er erhält folgende Messtabelle:

F in N	1,0	4,0	7,0	10,0
Δl in cm	0,5	2,0	3,6	4,9

a ☑ Hilf Max und erstelle anhand dieser Messwerte das Diagramm für die verwendete Schraubenfeder.

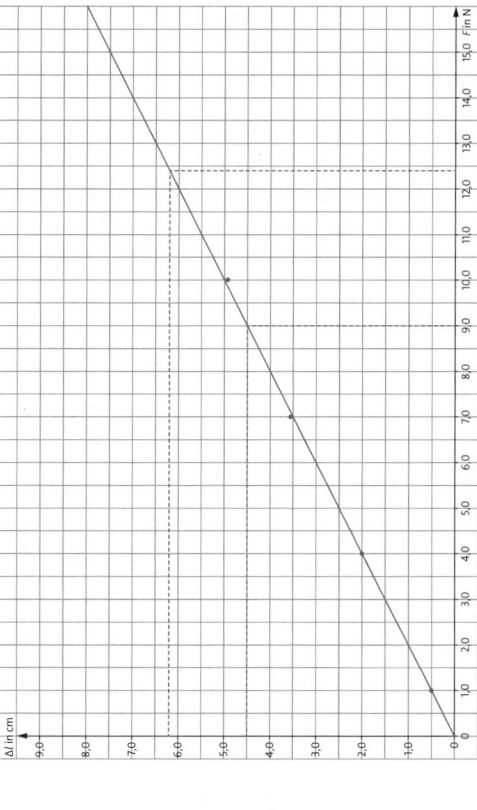

b ☐ Lies im Diagramm ab, um wie viele Zentimeter die Schraubenfeder des Kraftmessers gedehnt wird, wenn die einwirkende Kraft 9,0 N beträgt. Gib die Längenänderung an.

$\Delta l = 4,5 \ cm$

c ☑ Bei maximal möglicher Dehnung der Schraubenfeder ragt die Anzeige am Kraftmesser um 6,2 cm heraus. Lies im Diagramm ab, welche größtmögliche Kraft mit diesem Messgerät gemessen werden kann. Gib den Messbereich des Kraftmessers an.

Messbereich: 0,0 N bis 12,4 N

d ☑ Max überlegt, an den Kraftmesser ein Massestück zu hängen, das eine Gewichtskraft von $F_G = 18$ N erfährt. Erkläre mit eigenen Worten, wieso du davon abrätst. Verwende dabei folgende Begriffe: zerstören • Elastizitätsbereich • plastische Verformung.

Würde Max den 18-N-Körper an den Kraftmesser hängen, würde er ihn zerstören. Bei Überschreitung des Elastizitätsbereichs kommt es zu einer plastischen Verformung der Schraubenfeder des Kraftmessers.

Prüfungsvorbereitung

Sport auf dem Mond

1

a ■ Seit einigen Jahren gibt es Bestrebungen, einen bemannten Raumflug zum Mars zu unternehmen. Der Mond soll vorläufig als „Trainingsgebiet" für Menschen und Technologien dienen. Recherchiere, warum für einen Langzeitaufenthalt auf dem Mond die Einrichtung einer Art von Fitnessstudio erforderlich ist.

Auf dem Mond wirkt auf einen Menschen eine geringere Gewichtskraft, als auf der
Erde. Dies würde ohne Gegenmaßnahmen zu einem Muskelabbau führen, der die
Gesundheit beeinträchtigen würde.

b □ Im Alltag wird häufig vom „Gewicht" eines Gegenstandes gesprochen. Gib an, welche zwei Größen mit diesem Begriff in der Physik gemeint sein können.

Damit kann zum einen die Masse des Gegenstands gemeint sein oder seine Gewichts-
kraft.

c ■ Auf der Erde trainieren Menschen häufig an Fitnessgeräten, an denen sie „Gewichte" hochheben. Beschreibe, was an einem solchen Gerät anders sein müsste, wenn es auf dem Mond eingesetzt und bei gleicher Trainingsdauer derselbe Trainingseffekt wie auf der Erde erreicht werden soll.

Die Masse der „Gewichte" müsste auf dem Mond etwa sechs Mal größer sein,
als auf der Erde.

d ■ Beim Kugelstoßen der Männer werden Kugeln mit der Masse 7,257 kg verwendet. Berechne die Gewichtskraft, die eine solche Kugel auf der Erde bzw. auf dem Mond erfährt.

$$\text{Geg.: } m = 7{,}257\,kg;\ g_{Erde} = 9{,}81\,\tfrac{N}{kg};\ g_{Mond} = 1{,}62\,\tfrac{N}{kg}$$

$$\text{Ges.: } F_{G,\,Erde}\ \text{und}\ F_{G,\,Mond}$$

$$F_{G,\,Erde} = m \cdot g_{Erde}$$
$$\Leftrightarrow F_{G,\,Erde} = 7{,}277\,kg \cdot 9{,}81\,\tfrac{N}{kg}$$
$$\Leftrightarrow F_{G,\,Erde} = 71{,}4\,N$$

$$F_{G,\,Mond} = m \cdot g_{Mond}$$
$$\Leftrightarrow F_{G,\,Mond} = 7{,}277\,kg \cdot 1{,}62\,\tfrac{N}{kg}$$
$$\Leftrightarrow F_{G,\,Mond} = 11{,}8\,N$$

Die Gewichtskraft, die auf die Kugel wirkt, beträgt auf der Erde 71,4 N und auf
dem Mond 11,8 N.

e ■ Wenn man einen Ball auf dem Mond fängt, braucht man zum Abbremsen des Balls die gleiche Kraft wie auf der Erde, wenn er in beiden Fällen die gleiche Geschwindigkeit hat. Begründe dies.

Auf dem Mond sind die Masse und damit die Trägheit des Balls genauso groß wie auf
der Erde. Um seinen Bewegungszustand zu ändern, ist also auf dem Mond dieselbe
Kraft erforderlich wie auf der Erde. Infolgedessen ist dieselbe Kraft erforderlich, um
den Ball auf dem Mond abzubremsen, wie auf der Erde.

2

a ● Das Bild zeigt eine gefährliche Situation im Straßenverkehr: Ein Auto A fährt auf ein stehendes Auto B auf.

■ Begründe jeweils mithilfe des Trägheitssatzes, warum die Situation für die Insassen in Auto A und B gefährlich ist.

Auto A: Wenn das Auto schlagartig stoppt, wirken auf das Auto große Kräfte. Auf
einen nicht angeschnallten Fahrer wirken diese Kräfte nicht, daher würde sich dieser
aufgrund seiner Trägheit genauso weiterbewegen wie zuvor und auf das Lenkrad
prallen oder durch die Scheibe fliegen.

Auto B: Wenn auf das Auto ein anderes aufprallt, wirken große Kräfte. Auf den Kopf
des Insassen wirken diese Kräfte nicht. Aufgrund seiner Trägheit bleibt der Kopf in
Ruhe. Da er über die Wirbelsäule mit dem Körper verbunden ist, kommt es zu einer
starken Dehnung nach hinten.

b □ Nenne jeweils die Sicherheitseinrichtungen, mit denen sich die Autoinsassen vor den negativen Folgen der Trägheit schützen können.

Auto A: _Anschnallgurt_   Auto B: _Nackenstütze_

3 **Kräfte beim Radfahren**

An Alina greifen beim Radfahren vier Kräfte an.

a □ Ordne die Kräfte mithilfe der Abbildung zu:

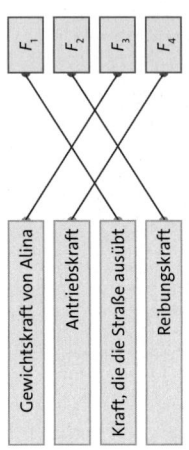

Gewichtskraft von Alina	F_1
Antriebskraft	F_2
Kraft, die die Straße ausübt	F_3
Reibungskraft	F_4

b ■ Zeichne die Kraftpfeile der Antriebs- und Reibungskraft erneut so ein, dass sich ihre Angriffspunkte dort befinden, wo sie tatsächlich angreifen. (Es gibt zwei Möglichkeiten.)

c ■ Beschreibe die Bewegung, die Alina ausführt, und begründe deine Aussage.

Sie führt eine geradlinig gleichförmige Bewegung aus, weil sich alle Kräfte im
Gleichgewicht befinden.

d ■ Beschreibe die Bewegung, wenn der Betrag der Kraft $\vec{F}_2$ größer als der von $\vec{F}_4$ wäre.

Sie würde langsamer werden.

Aggregatzustände und Teilchenmodell

1 Aggregatzustände von Wasser

☐ Befülle das Schaubild und die Tabelle mit den folgenden Begriffen:

Abkühlen (2×) • Erwärmen (2×) • fest • gasförmig • flüssig • 0 °C bis 100 °C • keine Form • kaum veränderbar • Erstarren • Schmelzen • kleiner als 0 °C • leicht veränderbar • nicht veränderbar • veränderbare Form • Verdampfen • feste Form • Kondensieren • größer als 100 °C.

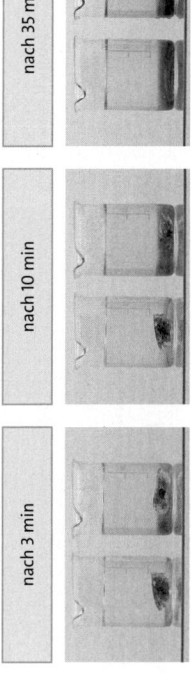

Schmelzen · Erwärmen
Erstarren · Abkühlen
Verdampfen · Erwärmen
Kondensieren · Abkühlen

Aggregatzustand	fest	flüssig	gasförmig
Volumen	nicht veränderbar	kaum veränderbar	leicht veränderbar
Form	feste Form	veränderbare Form	keine Form
Temperatur	kleiner als 0 °C	0 °C bis 100 °C	größer als 100 °C

2 Aussagen korrigieren

Die folgenden Aussagen sind falsch. Unterstreiche jeweils die Satzteile, die falsch sind. Schreibe den Satz dann so um, dass die Aussage richtig wird.

Je höher die Temperatur eines Körpers ist, desto größer ist die Temperatur seiner Teilchen.

Je höher die Temperatur eines Körpers ist, desto schneller bewegen sich seine Teilchen im Mittel.

Wenn Zucker in Wasser aufgelöst wird, werden die Zuckerteilchen flüssig.

Wenn Zucker in Wasser aufgelöst wird, dann verteilen sich die Zuckerteilchen zwischen den Wasserteilchen.

Zwischen den Eisenteilchen eines Eisennagels befindet sich Luft.

Zwischen den Eisenteilchen eines Eisennagels befindet sich nichts.

3 Auflösung

Zwei Stücke Kandiszucker wurden zeitgleich jeweils in ein Becherglas mit Wasser gegeben. Die Temperatur des Wassers im rechten Glas war höher als im linken Glas.

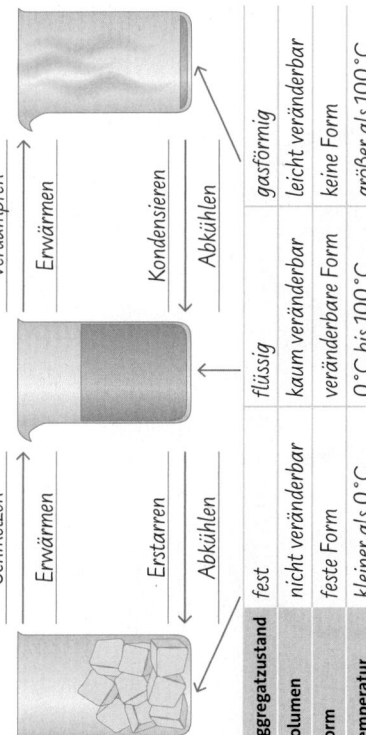

nach 3 min   nach 10 min   nach 35 min

a) Beschreibe die Beobachtung mithilfe der Bilder.

Der Zucker löst sich im Wasser mit der höheren Temperatur schneller.

b) Ergänze die Lücken so, dass der Text die Beobachtung im Teilchenmodell erklärt.

Kandiszucker und Wasser bestehen aus unterschiedlichen, aber unter sich gleichen _Teilchen_. Die _Wasserteilchen_ sind in ständiger _Bewegung_ und ändern andauernd ihren _Platz_. Dadurch lösen sie die _Zuckerteilchen_ aus dem Kandisblock heraus. Diese _verteilen_ sich zwischen den _Wasserteilchen_. Die Vorgänge laufen im Wasser mit der _höheren_ Temperatur schneller ab, weil sich dort die Teilchen _schneller bewegen_.

4 Teilchenmodell

a) Wenn man Parfüm an eine Stelle träufelt, dann ist es nach einer Zeit im ganzen Raum zu riechen. Erkläre dieses Phänomen mithilfe des Teilchenmodells.

Wenn man einige Tropfen Parfüm an eine Stelle im Raum tropft, verdampft das Parfüm. Die Parfümteilchen verlassen dabei die Flüssigkeit und befinden sich dann in der Luft. Die Luftteilchen sind in ständiger Bewegung und „stoßen" gegen die Parfümteilchen. So werden die Parfümteilchen im Raum verteilt.

b) Wenn du Wasser in ein Gefäß gibst, passt es sich der Gefäßform an. Ein Stück Holz macht das nicht. Erkläre die Beobachtung im Teilchenmodell.

In einer Flüssigkeit sind die Teilchen nicht an feste Orte gebunden. Dementsprechend kann sich die Flüssigkeit an die Gefäßform anpassen. In einem Festkörper befinden sich die Teilchen an festen Plätzen und können nicht gegeneinander verschoben werden.

c) Erkläre an einem Beispiel, warum das Teilchenmodell Grenzen hat.

Mit dem Teilchenmodell kann man nur bestimmte Beobachtungen oder Phänomene erklären. Mit dem Teilchenmodell kann zum Beispiel nicht die Farbe von Stoffen erklärt werden.

Reibung

1 Reibung am Fahrrad

Beim Fahrradfahren tritt an verschiedenen Stellen Reibung auf.

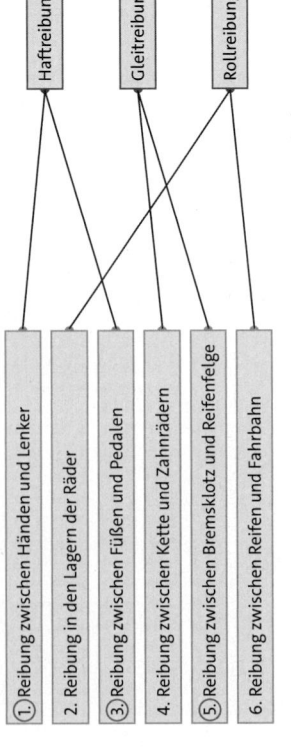

a Ordne zu, welche Reibungsart an den Stellen 1–6 jeweils vorliegt.

1. Reibung zwischen Händen und Lenker
2. Reibung in den Lagern der Räder
3. Reibung zwischen Füßen und Pedalen
4. Reibung zwischen Kette und Zahnrädern
5. Reibung zwischen Bremsklotz und Reifenfelge
6. Reibung zwischen Reifen und Fahrbahn

Haftreibung

Gleitreibung

Rollreibung

b ☐ Welche der aufgelisteten Reibungen sind ausschließlich erwünscht? Umrande ihre Nummern.

c Nenne Maßnahmen, wie man die unerwünschten Reibungen jeweils verringern kann.

2. Kugellager verwenden, ölen oder einfetten

4. Ketten gut reinigen und ölen; 6: Reifen gut aufpumpen

Beschaffenheiten der Fahrbahn

2

a ☐ Ein Fahrradfahrer bremst sein Rad auf verschiedenen Fahrbahndecken. Ordne den Bremswegen jeweils die verschiedenen Fahrbahndecken zu.

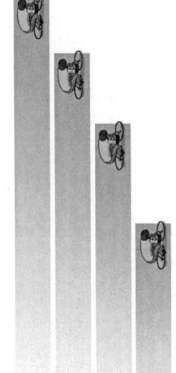
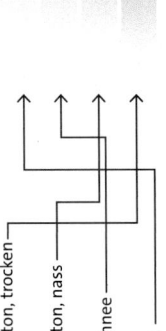

Beton, trocken

Beton, nass

Schnee

Eis

b ■ Bei nasser Fahrbahn bremst man besser, wenn man eine „Stotterbremsung" durchführt. Dabei wird mehrmals kurzzeitig die Bremse gedrückt, statt die Räder dauerhaft zu blockieren. Beim Auto wird dieser Effekt durch das Antiblockiersystem ABS erzielt. Erkläre, warum diese Bremsweise besser ist, indem du die Satzteile richtig aneinanderreihst.

so treten bei jedem Bremsen	kurzzeitig Haftreibungskräfte auf.
Dabei treten Gleitreibungskräfte auf.	die Räder dauerhaft.
sind als Gleitreibungskräfte,	Wirkt eine Kraft auf die Bremse,
Da Haftreibungskräfte betragsmäßig größer	Führt man eine Stotterbremsung durch,
so blockieren auf nasser Fahrbahn	wird das Rad so besser abgebremst.

Wirkt eine Kraft auf die Bremse, so blockieren auf nasser Fahrbahn die Räder dauer-haft. Dabei treten Gleitreibungskräfte auf. Führt man eine Stotterbremsung durch, so treten bei jedem Bremsen kurzzeitig Haftreibungskräfte auf. Da Haftreibungs-kräfte betragsmäßig größer sind als Gleitreibungskräfte, wird das Rad so besser abgebremst.

3 Modellvorstellung zur Reibung

■ Fülle die Lücken, so dass die Entstehung von Reibung erklärt wird.

Die *Berührungsflächen* von Körpern sind nie vollkommen *glatt* . Oberflächenunebenheiten *verhaken* sich ineinander. Zudem wirken an den Kontaktstellen *zwischen* den beiden Körpern *anziehende Kräfte* . Diese Adhäsionskräfte wirken zwischen den *Teilchen* der beiden Körper, wenn sich diese *nahekommen* . Aus *Oberflächenunebenheiten* und *Adhäsionskräften* ergeben sich die Reibungskräfte.

Dichte und Volumen

Dichteangaben

1

a) Die Dichte eines Diamanten beträgt $\rho_{Diamant} = 3,51 \frac{g}{cm^3}$. Deute diese Angabe.

Bei einem Volumen von $V = 1\ cm^3$ hat der Diamant eine Masse von $m = 3,51\ g$.

b) Die Dichte von Vollmilch beträgt $0,001032 \frac{t}{l}$ bei 20 °C. Gib den Wert der Dichte in der Einheit $\frac{g}{cm^3}$ an.

$$0,001032 \frac{t}{l} = 0,001032 \frac{t}{dm^3} = 1,032 \frac{kg}{dm^3} = 1,032 \frac{g}{cm^3}$$

Flüssigkeiten schichten

2 Je 10 ml der Flüssigkeiten Wasser, Alkohol, Öl, Spiritus, Glycerin und Sirup wurden in einen Messzylinder gefüllt. Nach kurzer Zeit schichten sie sich übereinander auf.

Dichte in $\frac{g}{cm^3}$ bei 20 °C	
Alkohol	0,791
Glycerin	1,26
Öl	0,81
Sirup	1,27
Spiritus	0,83
Wasser	0,998

a) Beschrifte die Schichten im Zylinder mit den Flüssigkeiten in der richtigen Reihenfolge.

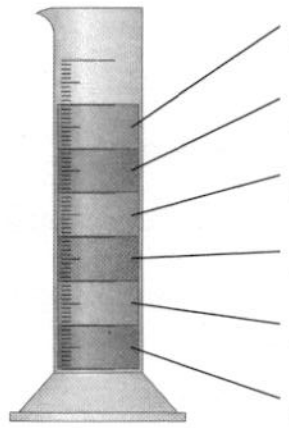

Alkohol
Öl
Spiritus
Wasser
Glycerin
Sirup

b) Begründe deine Antwort, indem du die folgenden Sätze sinnvoll vervollständigst:

Bei gleichem _Volumen_ hat derjenige Stoff die geringere Masse, der die _kleinere_ Dichte hat. Dieser Stoff _steigt_ jeweils nach _oben_. Ganz unten im Messzylinder befindet sich der Stoff mit der _größten Dichte_.

Material bestimmen

3 Eine Billardkugel hat ein Volumen von 122 cm³ und eine Masse von 210 g. Ermittle den Stoff, aus dem die Billardkugel hergestellt ist.

Geg.: V = 122 cm³
m = 210 g

Ges.: ρ

$$\rho = \frac{m}{V}$$
$$\Leftrightarrow \rho = \frac{210\ g}{122\ cm^3}$$
$$\Leftrightarrow \rho = 1,72 \frac{g}{cm^3}$$

Die Kugel besteht aus Phenolharz.

Dichte in $\frac{g}{cm^3}$ bei 20 °C	
Phenolharz	1,72
Polyacetal	1,41
Polyamid	1,14
Silicon	1,65
Teflon	2,2

Masse berechnen

4 Ein Goldbarren hat ein Volumen von 0,052 l und eine Dichte von $\rho = 19,3 \frac{g}{cm^3}$. Berechne die Masse des Goldbarrens.

Geg.: V = 0,052 l
$\rho_{Gold} = 19,3 \frac{g}{cm^3}$

Ges.: m

$$\rho = \frac{m}{V} \quad | \cdot V$$
$$\rho \cdot V = m$$
$$\Leftrightarrow m = 19,3 \frac{g}{cm^3} \cdot 0,052\ l$$
$$\Leftrightarrow m = 19,3 \frac{g}{cm^3} \cdot 52\ cm^3$$
$$\Leftrightarrow m = 1,0\ kg$$

Volumen berechnen

5 Tim hat bei der Berechnung des Volumens eines Flaschenkorkens folgende Rechnung durchgeführt. Dabei sind ihm ein paar Fehler unterlaufen. Finde diese und korrigiere sie.

1. Geg.: m = 4,88 g; ~~ρ = 0,24~~ $\rho = 0,24 \frac{g}{cm^3}$; Ges.: V   (Größensymbole vergessen)

2. Umformen nach V: $\rho = \frac{m}{V}$ | $\not{\cdot} V$ (Einheit g vergessen)
$$\rho \cdot V = m \quad | \not{:} \rho$$
$$V = \frac{m}{\rho}$$

3. Einsetzen: $\Leftrightarrow V = \frac{4,88\ g}{0,24 \frac{g}{cm^3}}$

4. Ergebnis: $\Leftrightarrow V = 20,\underline{333333}\ cm^3$ (zu viele sinnvolle Ziffern und Einheit vergessen)

5. Antwortsatz: Ein Flaschenkorken mit ~~einem Gewicht~~ *einer Masse* von 4,88 g hat ein Volumen von $20,\underline{333333}\ cm^3$.

Dichte – richtig oder falsch?

6 Kreuze an, ob folgende Aussagen richtig (r) oder falsch (f) sind:

	Aussagen	r	f
1	1 kg Blei hat eine größere Masse als 1 kg Federn.		×
2	Bei gleicher Masse hat derjenige Körper das größere Volumen, der die kleinere Dichte hat.	×	
3	Bei gleichem Volumen hat derjenige Körper die kleinere Dichte, der eine geringere Masse hat.	×	
4	Zwei Körper haben die gleiche Masse, wenn sie dasselbe Volumen haben.		×
5	1 cm³ Federn hat eine kleinere Masse als 1 cm³ Blei.	×	

Prüfungsvorbereitung

Modell eines Aggregatzustands

Im nebenstehenden Bild ist ein Modell für einen bestimmten Aggregatzustand abgebildet.

1 a) Benenne den Aggregatzustand. Begründe deine Antwort.

Mit dem Modell soll der feste Aggregatzustand dargestellt werden.
In diesem befinden sich die Teilchen an festen Gitterplätzen, um die sie schwingen.

b) Gib an, warum der Hersteller des Modells Schraubenfedern zwischen die Kugeln eingebaut hat.

Der Hersteller will damit deutlich machen, dass zwischen den Teilchen eines
Festkörpers anziehende und abstoßende Kräfte wirken.

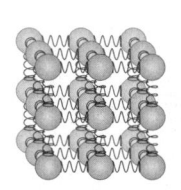

Teilchenmodell – richtig oder falsch?

2 a) Kreuze an, ob folgende Aussagen richtig (r) oder falsch (f) sind:

Aussage	r	f
1 Teilchen, die sich schneller bewegen, haben eine höhere Temperatur.		X
2 In Flüssigkeiten sind die Kräfte zwischen den Teilchen kleiner als bei Festkörpern.	X	
3 Teilchen haben keine Farbe und keine Temperatur.	X	
4 In Festkörpern bewegen sich die Teilchen nicht.		X

b) Schreibe die falschen Aussagen so um, dass richtige entstehen.

1: Je schneller sich die Teilchen eines Körpers im Mittel bewegen, desto höher ist die
Temperatur des Körpers.

4: In Festkörpern befinden sich die Teilchen in ständiger Bewegung, sie schwingen
um ihre Gitterplätze.

Verdampfen

3 a) Kreuze an, wie der Satz richtig weitergehen muss.

Wenn 1 Liter Wasser bei alltäglichen Bedingungen vollständig verdampft, ...

○ nimmt der Wasserdampf ebenfalls ein Volumen von 1 Liter ein.
○ nimmt der Wasserdampf einen kleineren Raum ein.
⊗ nimmt der Wasserdampf einen größeren Raum ein.

b) Erkläre dies mit dem Teilchenmodell.

In einem Gas wie dem Wasserdampf ist der mittlere Teilchenabstand zwischen den
Teilchen sehr viel größer als bei der entsprechenden Flüssigkeit. Dadurch ist auch der
Raum, den das Gas einnimmt, sehr viel größer.

Reibungsarten

4 □ Benenne die verschiedenen Arten von Reibung und ordne sie der Größe nach. Verwende hierzu das Symbol „>".

$F_{R,Haft} > F_{R,Gleit} > F_{R,Roll}$

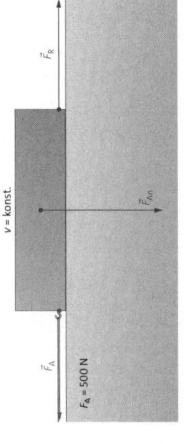

Reibung und Kraftpfeile

5 Ein Holzklotz wird mit einer Schnur über eine Oberfläche gezogen.

a) Trage in das Bild mithilfe von Kraftpfeilen die Antriebskraft $\vec{F}_A$, die Anpresskraft $\vec{F}_{An}$ und die Reibungskraft $\vec{F}_R$ ein.

b) Gib den Betrag der Reibungskraft F_R an.

$F_R = 500\ N$

Reibung beim Skateboard

6 a) Beim Skateboardfahrer im Bild treten verschiedene Reibungsarten auf. Die Stellen, an denen Reibung auftritt, sind mit den Ziffern 1, 2, 3 und 4 markiert.

b) Nenne jeweils die Reibungsart und die Stelle, wo sie auftritt.

① *Rollreibung* zwischen Rädern *und Fahrbahn*

② *Rollreibung in den Lagern der Räder*

③ *Haftreibung zwischen Fuß und Skateboard*

④ *Haftreibung zwischen Fuß und Fahrbahn*

c) Welche Reibung ist ausschließlich erwünscht? Umrande die Nummer.

d) Fülle die Lücken so, dass beschrieben wird, wie erwünschte Reibung vergrößert und unerwünschte Reibung verkleinert wird.

Die erwünschte Reibung ist groß, wenn die *Oberflächen* von *Fahrbahn*, Schuhsohle und Skateboard *rau* und *trocken* sind. Die unerwünschte Reibung kann verkleinert werden, indem man *die Lager in den Rädern fettet*.

4 Viele Schatten

Der Körper im nebenstehendem Bild wird von mehreren punkt-förmigen Lichtquellen beleuchtet.

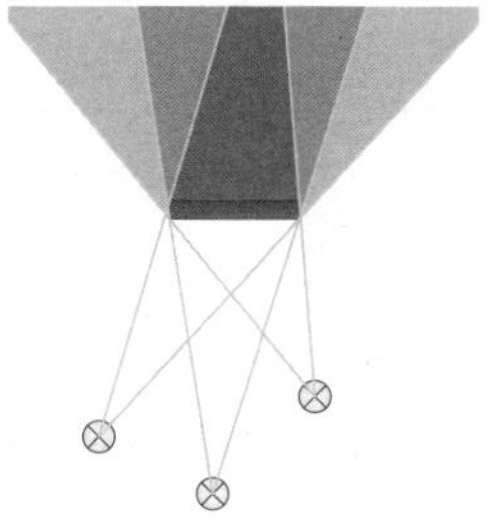

a ☑ Ermittle durch geeignete Konstruktion Anzahl und Positionen der Lichtquellen.

b ☑ Begründe, warum die Bereiche unterschiedlich hell erscheinen.

Die hellsten Bereiche der Schatten werden von zwei

Lichtquellen beleuchtet, die nächstdunkleren Bereiche

werden durch eine Lichtquelle beleuchtet, der dunkelste

Bereich (Kernschattenraum) von keiner Lichtquelle.

5 Nachtwanderung

Marie, Aisha und Marcel befinden sich bei einer Nachtwanderung in der Nähe eines großen Busches, als das Licht der Taschenlampen von Leo und Tine in ihre Richtung leuchtet.

☑ Ergänze die Zeichnung, um die Lücken in folgender Aussage zu füllen:

Marcel wird von allen dreien am stärksten beleuchtet und _Marie_ am wenigsten.

6 Sonne, Mond und Erde

Das nebenstehende Bild zeigt eine bestimmte Konstellation von Erde, Mond und Sonne.

a ☐ Benenne die Beobachtung, die ein Bewohner auf der Erde im Punkt A macht.

Er beobachtet eine totale Mondfinsternis.

b ☑ Ergänze in der Grafik geeignete Lichtstrahlen, um die Beobachtung zu erklären. Gib die Bezeich-nungen der verschiedenen Schattenbereiche an.

c ☑ Erkläre die Beobachtung mit den entsprechenden Fachbegriffen.

Bei einer totalen Mondfinsternis befindet sich der Mond bei Vollmond im Kern-

schattenraum der Erde.

d ☐ Gib an, was ein Astronaut beobachtet, der sich im Punkt B auf dem Mond befindet.

Der Astronaut beobachtet eine totale Sonnenfinsternis.

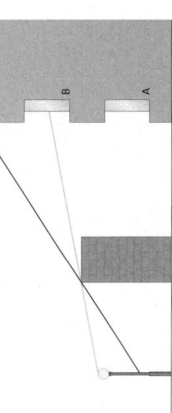

Licht und Schatten

1 Sehvorgang

a ☐ Kreuze das Bild an, indem der Sehvorgang richtig dargestellt ist.

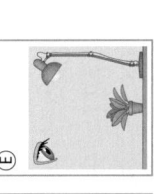
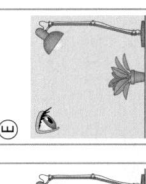

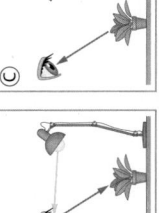

Ⓐ　Ⓑ　Ⓒ　　Ⓔ

b ☑ Begründe anhand einer geeigneten Situation, warum die Vorstellung, dass vom Auge Sehstrahlen ausgesendet werden, nicht sinnvoll ist.

Wenn das Auge Sehstrahlen aussenden würde, müsste man Gegenstände auch im

Dunkeln sehen.

2 Lichtgeschwindigkeit

☑ Ein Schiff sendet ein Lichtsignal aus. Entscheide, ob es zuerst bei einem 15 000 m entfernten U-Boot oder bei einem 15 000 m entfernten Flugzeug ankommt. Nimm an, das Licht könnte in Wasser eine so große Entfernung zurücklegen. Begründe deine Antwort.

Das Licht kommt zuerst beim Flugzeug an, weil das Licht in Luft eine höhere

Geschwindigkeit hat als im Wasser.

3 Straßenlaterne

Eine Mauer steht zwischen einem drei-stöckigen Haus und einer Straßenlaterne.

a ☑ Ermittle durch Einzeichnen geeigneter Lichtstrahlen, welche der Fenster A, B und C von der Laterne beleuchtet wer-den, und vervollständige den Text.

Die Laterne beleuchtet Fenster

A _nicht_ , Fenster B _teilweise_

und Fenster C _vollständig_ .

b ☑ Jana steht vor Fenster C und blickt auf die Laterne. Ihr Auge ist eingezeichnet. Ermittle, ob sie die Laterne vollständig bis zum Boden sehen kann.

Nein, sie kann den unteren Teil der Laterne nicht sehen.

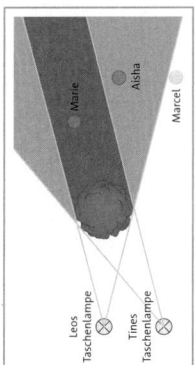

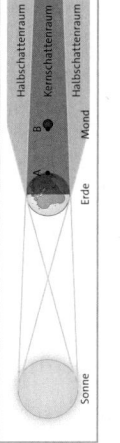

Reflexion und Spiegelbild

Reflexion von Licht

1 Verbinde die Satzhälften miteinander so, dass richtige Aussagen entstehen.

1. Trifft Licht auf die Oberfläche eines Körpers ...	... erfolgt die Streuung in genau eine Richtung. (I)
2. Wenn die Oberfläche sehr glatt ist ...	... steht senkrecht auf der reflektierenden Oberfläche. (T)
3. Bei der Reflexion von Licht ...	... wird es dort in alle Richtungen gestreut. (L)
4. Einfallender Lichtstrahl und reflektierter Lichtstrahl ...	... liegen in einer gemeinsamen Ebene. (H)
5. Die Ebene, die den einfallenden und den reflektierten Lichtstrahl enthält ...	... gilt das Reflexionsgesetz. (C)

Lösungswort: ^{1}L ^{2}I ^{3}C ^{4}H ^{5}T

Fernlicht und Abblendlicht

2 a) Lara und Achmet fahren bei dichtem Nebel über eine Straße. Bringe die Satzbausteine in die richtige Reihenfolge und finde heraus, wer recht hat.

Licht von der Umgebung
gelangt in das Auge des Fahrers.
trifft auf die Wassertröpfchen des Nebels
hinter den Wassertröpfchen
Das Licht der Scheinwerfer
gelangt nicht in das Auge des Fahrers.
Das an den Wassertröpfchen gestreute Licht
und wird in alle Richtungen gestreut.

Achmed: Schalte doch das Fernlicht an, dann kannst du besser sehen!
Fernlicht

Lara: Mit Fernlicht sehe ich den Nebel zwar gut, aber die Umgebung schlechter.
Abblendlicht

Das Licht der Scheinwerfer trifft auf die Wassertröpfchen des Nebels und wird in alle Richtungen gestreut. Das an den Wassertröpfchen gestreute Licht gelangt in das Auge des Fahrers. Licht von der Umgebung hinter den Wassertröpfchen gelangt nicht in das Auge des Fahrers.

Wer hat recht? <u>Lara</u>

b) Mit dem Abblendlicht soll gewährleistet werden, dass der Gegenverkehr nicht geblendet wird. Fährt man auf nasser Fahrbahn, kann jedoch auch das Abblendlicht entgegenkommende Fahrer blenden.

Ergänze in der Zeichnung den weiteren Lichtweg und schraffiere den Bereich, in dem man geblendet wird.

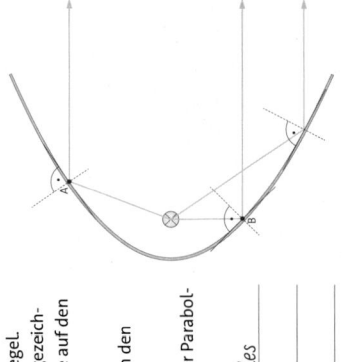

Spieglein, Spieglein ...

3 a) Markiere das Bild, welches das Spiegelbild richtig wiedergibt.

b) Beschreibe, was an den anderen Spiegelbildern nicht stimmt.

A: *Beim Spiegelbild ist nicht vorne und hinten vertauscht.*

B: *Das Spiegelbild ist nicht genauso weit vom Spiegel entfernt wie die Figur.*

C: *Das Spiegelbild ist nicht seitenrichtig.*

E: *Das Spiegelbild ist nicht genauso groß wie die Figur.*

F: *Die Verbindungslinien von Spiegelbild und Figur stehen nicht senkrecht auf der Spiegelebene.*

Parabolspiegel

4 In Scheinwerfern befinden sich Parabolspiegel. Im Bild ist der Lichtweg eines Lichtstrahls gezeichnet, der von der punktförmigen Lichtquelle auf den Spiegel trifft.

a) Konstruiere die beiden Lichtstrahlen, die an den Stellen A und B auf den Spiegel treffen.

b) Beschreibe die Art des Lichtbündels, das der Parabolspiegel aussendet.

Der Parabolspiegel sendet ein paralleles Lichtbündel aus.

Toter Winkel

5 Beim Blick in den Außenspiegel kann der Fahrer nur einen Ausschnitt der Umgebung hinter sich sehen. Es entstehen dabei sogenannte tote Winkel.

■ Zeige, dass der Fahrer Lea im Spiegel sehen kann, Max jedoch nicht.

Tipp: Ermittelt den Bereich, den der Fahrer durch den Spiegel sehen kann. Konstruiere dazu die Lichtstrahlen, die auf die äußersten Kanten des Spiegels treffen und ins Auge des Fahrers reflektiert werden.

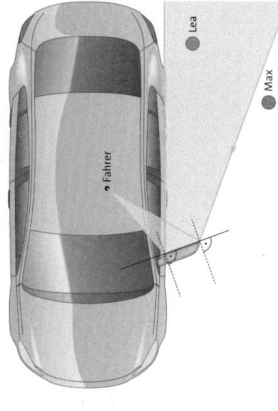

Lea

Max

Fahrer

Brechung und Totalreflexion

1 Fachbegriffe

☐ Ergänze die fehlenden Fachbegriffe im folgenden Lehrbuchtext:

Unter Lichtbrechung versteht man die Eigenschaft des Lichts, beim Auftreffen auf die *Grenzfläche* zweier optischer Medien die *Richtung* zu ändern. Zur Beschreibung der Ablenkung des Lichtstrahls misst man den *Winkel* zwischen Lichtstrahl und *Einfallslot*. Den Winkel zwischen einfallendem Lichtstrahl und *Einfallslot* nennt man *Einfallswinkel*. Den Winkel zwischen dem abgelenkten Lichtstrahl und dem *Einfallslot* nennt man *Brechungswinkel*.

Verschiedene optische Medien unterscheiden sich in ihrer *optischen Dichte*. Trifft das Licht von einem optisch *dünneren* in ein optisch *dichteres* Medium, dann wird es zum Einfallslot hin gebrochen. Die Ursache für die Lichtbrechung ist die unterschiedliche *Lichtgeschwindigkeit* in verschiedenen optischen Medien. Im optisch dichteren Medium ist die *Lichtgeschwindigkeit* *kleiner* als im optisch dünneren Medium.

2 Lichtbrechung

a ☐ Ergänze jeweils qualitativ den Verlauf des Lichtstrahls.

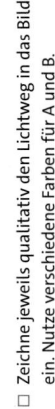
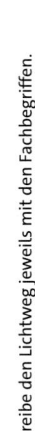

b ■ Begründe jeweils den Verlauf des Lichtstrahls.

A: Beim Übergang von der optisch *dünneren* Luft in das optisch *dichtere* Acrylglas wird das Licht *zum Einfallslot hin* gebrochen.

B: *Beim Übergang vom optisch dichteren Acrylglas in das optisch dünnere Wasser wird das Licht vom Einfallslot weg gebrochen.*

C: *Beim Übergang von der optisch dünneren Luft in das optisch dichtere Wasser wird das Licht zum Einfallslot hin gebrochen.*

D: *Beim Übergang vom optisch dünneren Wasser in das optisch dickere Acrylglas wird das Licht zum Einfallslot hin gebrochen.*

3 Zwei Taucher

Zwei Taucher A und B leuchten nachts mit einer Lampe auf den Punkt P auf der Wasseroberfläche. Nur das Lichtbündel einer Taschenlampe tritt aus dem Wasser aus.

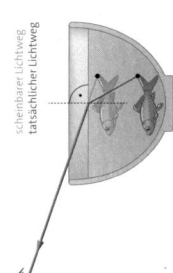

a ☐ Zeichne jeweils qualitativ den Lichtweg in das Bild ein. Nutze verschiedene Farben für A und B.

b ■ Beschreibe den Lichtweg jeweils mit den Fachbegriffen.

A: *Das Licht wird an der Wasseroberfläche total reflektiert.*

B: *Das Licht wird vom Einfallslot weg gebrochen.*

4 Zaubertrick

Ein Zauberer befestigt einen Plastikfisch auf dem Boden einer undurchsichtigen Tasse und fordert einen Zuschauer auf, so in die Tasse zu schauen, dass er den Fisch gerade nicht mehr sieht. Der Zuschauer soll dann seine Position nicht mehr ändern, während die Tasse mit Wasser gefüllt wird.

a ☐ Beschreibe, worüber der Zuschauer staunen wird.

Der Zuschauer beginnt den Fisch zu sehen, wenn sich eine bestimmte Menge Wasser in der Tasse befindet.

b ■ Ergänze das Bild, um den Trick zu erklären. Zeichne in verschiedenen Farben den tatsächlichen und den scheinbaren Lichtweg vom Fisch in das Auge des Beobachters ein.

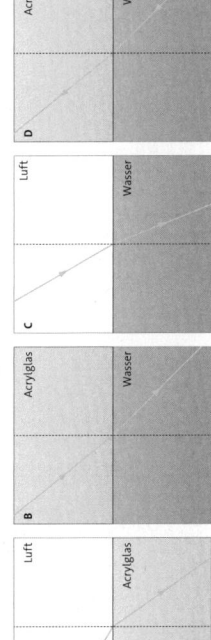

scheinbarer Lichtweg
tatsächlicher Lichtweg

5 Doppelter Lichtübergang

a ■ Ergänze den weiteren Lichtweg im nebenstehenden Bild. Benenne die Winkel im ersten Übergang mit ε_1 (Einfallswinkel) und β_1 (Brechungswinkel) und im zweiten Übergang mit ε_2 und β_2.

Luft
Glas
Luft

b ■ Kreuze die zutreffenden Beziehungen an:

○ $\varepsilon_1 = \varepsilon_2$; $\beta_1 = \beta_2$ ○ $\varepsilon_1 = \beta_2$; $\varepsilon_2 = \beta_1$

⊗ $\varepsilon_1 = \beta_2$; $\varepsilon_2 = \beta_1$ ○ $\varepsilon_1 = \varepsilon_2 = \beta_1 = \beta_2$

6 Blackbox

Im Inneren des gezeichneten Kastens befindet sich ein geradlinig begrenzter Glaskörper, der das Licht in der gezeichneten Weise ablenkt.

■ Zeichne den Glaskörper ein und ergänze den Lichtweg.

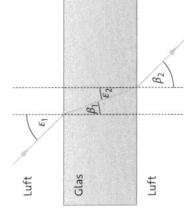
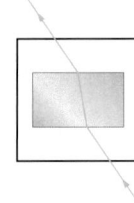

Farbiges Licht

1 Zuordnung

Verbinde die Satzhälften miteinander so, dass richtige Aussagen entstehen.

1. Weißes Licht ...	... an den roten Bereich an. (A)
2. Farbiges Licht wird bei gleichem Einfallswinkel ...	... stärker gebrochen. (I)
3. Blaues Licht wird ...	... unterschiedlich stark gebrochen. (R)
4. Rotes Licht wird ...	... weniger stark gebrochen. (S)
5. Ultraviolettes Licht grenzt ...	... setzt sich aus farbigem Licht zusammen. (P)
6. Infrarotes Licht grenzt ...	... an den blauen Bereich an. (M)

Lösungswort: ^{1}P ^{2}R ^{3}I ^{4}S ^{5}M ^{6}A

2 Farbspektrum

Mit einem Prisma kann weißes Licht in seine Spektralfarben aufgefächert werden.

a) Zeichne in das Bild qualitativ den weiteren Lichtweg der Spektralfarben ein.

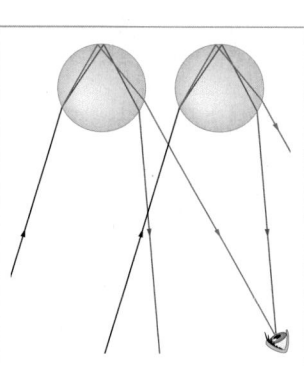

weißes Licht

1 rot
2 orange
3 gelb
4 grün
5 blau
6 violett

b) Erkläre die Auffächerung des weißen Lichts. Sortiere hierzu die Satzbausteine.

von der Lichtfarbe. • und der violette am stärksten gebrochen. • Bei gleichem Einfallswinkel • beim Auftreffen auf das Prisma • Der Brechungswinkel ist abhängig • Deswegen wird der rote Lichtanteil am schwächsten • nimmt der Brechungswinkel • Trifft weißes Licht auf die Grenzfläche • von Rot über Orange, Gelb, Grün, Blau bis zu Violett zu. • wird es gebrochen. • zwischen Luft und Prisma,

Trifft weißes Licht auf die Grenzfläche zwischen Luft und Prisma, wird es gebrochen. Der Brechungswinkel ist abhängig von der Lichtfarbe. Bei gleichem Einfallswinkel nimmt der Brechungswinkel von Rot über Orange, Gelb, Grün, Blau bis zu Violett zu. Deswegen wird der rote Lichtanteil am schwächsten und der violette am stärksten gebrochen.

3 Sonnenlicht – richtig oder falsch?

Entscheide, ob folgende Aussagen über das Sonnenlicht richtig (r) oder falsch (f) sind:

	Aussage	r	f
1	Sonnenlicht besteht aus den sichtbaren Spektralfarben Rot, Orange, Gelb, Grün, Blau, Violett.	X	
2	In einem Regenbogen werden die Spektralfarben des Sonnenlichts sichtbar.	X	
3	Manche Spektralfarben kann man mit einem Prisma in weitere Farben zerlegen.		X

Violett
Rot

4 Haupt- und Nebenregenbogen

a) Beschrifte den Hauptregenbogen im nebenstehenden Bild mit 1 und den Nebenregenbogen mit 2. Markiere anschließend jeweils die Farbreihenfolge im Haupt- und Nebenregenbogen.

b) Die Entstehung von Haupt- und Nebenregenbogen kann mit der Lichtbrechung in zwei übereinanderliegenden Regentropfen erklärt werden. Ergänze in den Bildern jeweils qualitativ die Lichtwege für den roten und blauen Lichtanteil. Ergänze anschließend die Begriffe *Rot* und *Blau* in den Textlücken darunter.

Beim **Hauptregenbogen** tritt *Rot* vom oberen Tropfen und *Blau* vom unteren Tropfen in das Auge.

Beim **Nebenregenbogen** tritt *Blau* vom oberen Tropfen und *Rot* vom unteren Tropfen in das Auge.

5 Infrarot- und Ultraviolettlicht – richtig oder falsch?

Entscheide, ob folgende Aussagen über IR- und UV-Licht richtig (r) oder falsch (f) sind:

	Aussage	r	f
1	Das von der Sonne ausgesendete Ultraviolettlicht ist besonders stark sichtbares violettes Licht.		X
2	Infrarotlicht liegt im Lichtspektrum des Sonnenlichts zwischen dem orangen und dem roten Licht.		X
3	Ultraviolettlicht ist nicht sichtbar.	X	
4	Die Ursache für Sonnenbrand ist das Ultraviolettlicht der Sonne.	X	
5	Infrarotlicht wird auch Wärmestrahlung genannt.	X	
6	Infrarotlicht ist gefährlich, weil dadurch besonders Menschen mit heller Haut schnell einen Sonnenbrand bekommen.		X

Prüfungsvorbereitung

1 Mond

Micha: Der Mond ist ein selbstleuchtender Körper.

a) Widerlege Michas Behauptung mit einem stichhaltigen Argument.

Wenn der Mond ein selbstleuchtender Körper wäre, würde man ihn immer als leuchtende Scheibe sehen und keine Mondphasen beobachten.

b) Erkläre Micha, weshalb wir den Mond sehen können.

Wir sehen den Mond deshalb, weil Licht von der Sonne auf eine Seite des Monds trifft und dieses Licht dann von ihm in alle Richtungen gestreut wird. Ein Teil dieses Lichts gelangt in unser Auge.

2 Sonnenuntergang

Lea: Wenn wir die Sonne gerade untergehen sehen, ist sie eigentlich schon bereits vor etwa 8,5 Minuten untergegangen.

Nimm Stellung zu Leas Aussage.

Die Aussage von Lea ist richtig, da Licht für seine Ausbreitung eine bestimmte Zeit benötigt. Wenn wir also den letzten Lichtstrahl der Sonne sehen, war dieser schon eine gewisse Zeit lang unterwegs.

3 Simones Schatten

Simone geht an einer Straßenlaterne vorbei. Wie ändert sich ihr Schattenbild?

a) Konstruiere Simones Schattenbild für die drei gezeichneten Positionen.

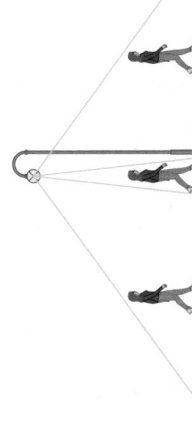

b) Fülle die Lücken so, dass der Text beschreibt, wie sich ihr Schattenbild ändert.

Wenn sich Simone der Straßenlampe nähert, befindet sich ihr Schattenbild zunächst hinter ihr und wird immer kleiner. Wenn sie direkt unter der Lampe steht, befindet sich das Schattenbild direkt unter ihr. Entfernt sie sich wieder von der Lampe, liegt das Schattenbild vor ihr und wird wieder größer.

4 Hinter der Mauer

Tom kann seine Freunde Paul und Aisha hinter der Mauer nicht sehen. Nebenstehende Skizze zeigt die Szene von oben.

a) Zeichne die Position eines möglichst kleinen Spiegels auf der Wand ein, sodass Tom darin seine beiden Freunde sehen kann.

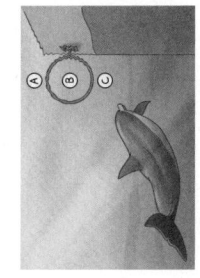

b) Gib die mindestens erforderliche Breite des Spiegels an.

l = 1,0 m

5 Durch den Reifen

Der Delfin soll durch den Reifen springen, den er durch die Wasseroberfläche sehen kann.

a) Kreuze an, wohin der Delfin aus seiner Sicht springen muss.

○ A   ○ B   ⊗ C

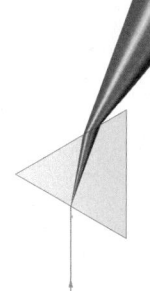

b) Begründe deine Antwort unter Verwendung der Fachbegriffe.

Das am Reifen gestreute Licht wird beim Übergang in das Wasser zum Lot hin gebrochen. Es verläuft im Wasser also steiler als außerhalb. Der Delfin geht davon aus, dass sich das Licht geradlinig ausbreitet. Daher sieht er den Reifen weiter oben, als er sich tatsächlich befindet.

6 Prisma

a) Beschreibe, was die Zeichnung zeigt.

Weißes Licht wird durch ein Glasprisma in seine Spektralfarben aufgefächert.

b) Gib eine Erklärung für die Beobachtung aus a.

Der Brechungswinkel ist für die verschiedenen Spektralfarben unterschiedlich. Bei gleichem Einfallswinkel ist der Brechungswinkel für blaues Licht größer als für rotes Licht. Deswegen können die Spektralfarben mit einem Prisma sichtbar gemacht werden.

39

3 Messung der Brennweite

Beschreibe eine Vorgehensweise zur Messung der Brennweite einer Sammellinse. Nutze hierzu die Wortliste und den Satzbaukasten.

Abstand • Brennpunkt • Sammellinse • Mittelebene der Linse • optische Achse • paralleles Lichtbündel • Projektionsschirm • Tisch

Zuerst	stellen	ich	die	auf	den	auf die
Dann	senden		ein	parallel	dem	der
Danach	suchen		den	mit	zu	und dem
Zuletzt	messen			zwischen	der	

Zuerst stelle ich die Sammellinse auf den Tisch. Dann sende ich ein paralleles Lichtbündel parallel zur optischen Achse auf die Sammellinse. Danach suche ich den Brennpunkt mit dem Projektionsschirm. Zuletzt messe ich den Abstand zwischen der Mittelebene der Linse und dem Projektionsschirm.

4 Linsenwölbung

Eine Kerze wird durch zwei verschiedene Sammellinsen abgebildet. Die Linsen unterscheiden sich in ihren Brennweiten. (Die Brennpunkte gehören jeweils zur Linse mit der gleichen Farbe.)

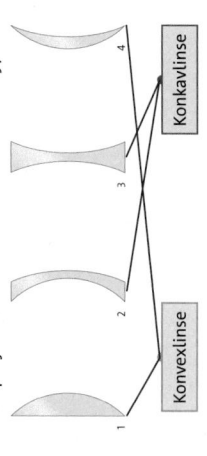

a ☐ Formuliere mithilfe der Grafik den Zusammenhang zwischen der Wölbung einer Linse und ihrer Brennweite.

Je stärker die Wölbung einer Linse ist, umso kleiner ist ihre Brennweite.

b ◩ Konstruiere jeweils das Bild der Kerze durch die grüne und die blaue Linse in den dazugehörigen Farben (grüne Linse: grüne Strahlen, blaue Linse: blaue Strahlen).

c ◩ Fülle die Lücken so, dass die Zusammenhänge richtig wiedergegeben werden.

Je größer die Brennweite einer Linse ist, desto *größer* ist die Bildweite.

Je größer die Brennweite einer Linse ist, desto *größer* ist die Bildgröße.

38

Optische Linsen

Fachbegriffe

1

a ☐ Beschrifte das folgende Bild einer Konvexlinse mit den Fachbegriffen:

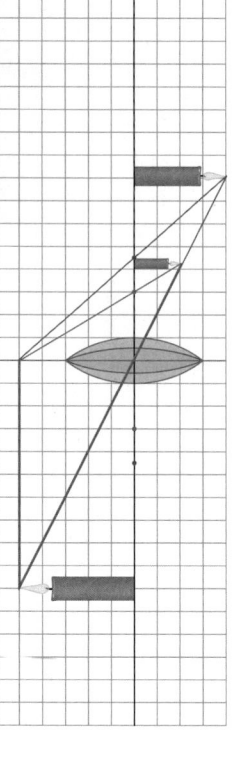

Mittelebene der Linse
optische Achse
Brennebene
Brennpunkt
Brennweite f

b ◩ Benenne den Linsentyp aus Aufgabenteil a mit der alternativen Bezeichnung. Gib eine Erklärung für diese Bezeichnung.

Konvexlinsen werden auch Sammellinsen genannt, weil sie parallele Lichtbündel in einem Punkt sammeln.

c ☐ Verbinde folgende Linsenkörper jeweils mit dem zutreffenden Linsentyp:

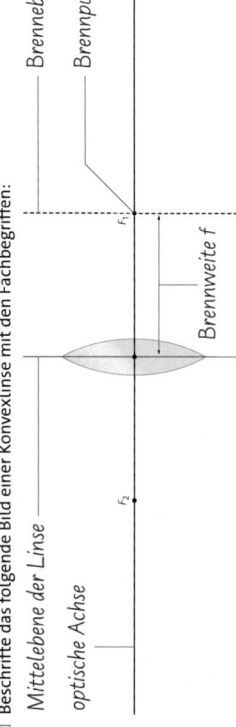

Konvexlinse   Konkavlinse

d ◩ Beschreibe, was mit einem parallelen Lichtbündel geschieht, das auf Linse 2 trifft.

Das Lichtbündel läuft nach der Linse auseinander, so als ob es von einem virtuellen Punkt vor der Linse ausgesendet werden würde. (Zerstreuungslinse)

Blackbox

2

Im Inneren des grau gezeichneten Kastens befindet sich eine Linse.

a ◩ Ergänze die Strahlengänge und zeichne die Linse mit dem vereinfachten Symbol an der richtigen Stelle ein. Gib an, welcher Linsentyp sich im Kasten befindet.

Es handelt sich um eine Konkavlinse.

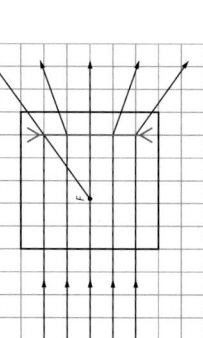

b ◩ Zeichne mithilfe einer geeigneten Hilfslinie den Brennpunkt F der Linse ein und gib ihre Brennweite auf mm genau an.

f = 1,4 cm

Linsenbilder

Bildeigenschaften

1

a Eine Kerze steht vor einer Sammellinse ($f = 1{,}5$ cm). Die Gegenstandsweite beträgt 4,0 cm. Ergänze die Zeichnung und konstruiere das Bild der Kerze.

b Beschreibe das Bild hinsichtlich Größe und Orientierung.

Das Bild ist verkleinert und steht auf dem Kopf.

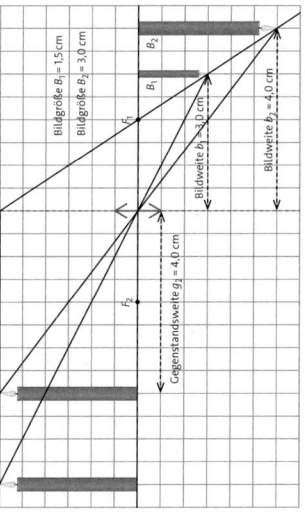

c Die Gegenstandsweite wird vergrößert. Beschreibe, wie sich die Bildgröße ändert.

Wenn die Gegenstandsweite vergrößert wird, wird die Bildgröße kleiner.

Brennweite

2

Eine brennende Kerze befindet sich in einer Gegenstandsweite von 7,0 cm vor einer Sammellinse. Auf dem Projektionsschirm erscheint das scharfe Bild der Kerze.

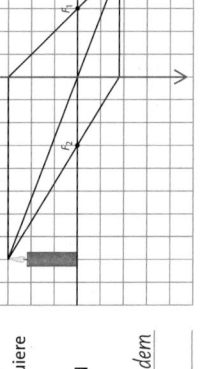

a Ergänze die Zeichnung und ermittle zeichnerisch die Brennweite f der Linse. Gib sie auf mm genau an.

$f = 2{,}6$ cm

b Zeichne das Lichtbündel, das von der Flammenspitze ausgeht und die ganze Linse durchdringt, in das Bild dazu.

c Das scharfe Bild und der Projektionsschirm sollen näher an die Linse rücken. Wie muss sich die Wölbung der Linse ändern, damit die Bildweite kleiner wird? Begründe deine Antwort mit der Brennweite der Linse.

Die Wölbung der Linse muss größer werden, weil ihre Brennweite dann kleiner wird.

Bildweite

3

Ein 3,0 cm großer Gegenstand befindet sich in einer Gegenstandsweite von 6,0 cm vor einer Sammellinse ($f = 20$ mm). Das Bild des Gegenstands soll auf einem Projektionsschirm aufgefangen werden.

a Ergänze die Zeichnung und ermittle die Bildweite b und die Bildgröße B. Gib beides auf mm genau an.

b Das Bild soll bei unverändert Linsenposition mit einer Bildweite von 4,0 cm auf den Projektionsschirm aufgefangen werden und dabei eine Bildgröße von 3,0 cm haben. Ermittle zeichnerisch die zugehörige Position des Gegenstandes und gib die Gegenstandsweite auf mm genau an.

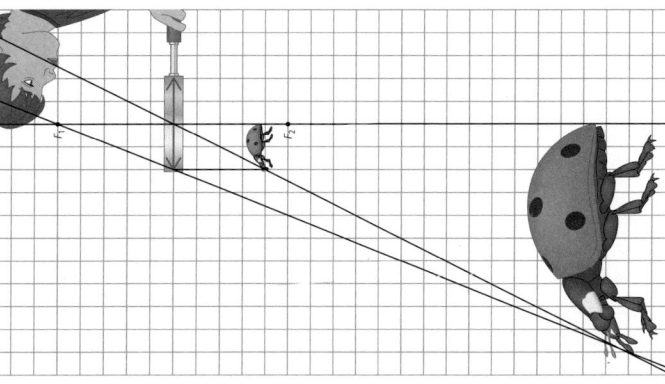

Bildgröße $B_1 = 1{,}5$ cm
Bildgröße $B_2 = 3{,}0$ cm
Bildweite $b_1 = 3{,}0$ cm
Bildweite $b_2 = 4{,}0$ cm
Gegenstandsweite $g_2 = 4{,}0$ cm

Lupe

4

a Ergänze folgenden Lückentext so, dass er das Prinzip einer Lupe richtig beschreibt.

Eine Lupe ist eine _Sammellinse_ .

Mit ihr kann man Gegenstände vergrößert betrachten. Damit ein vergrößertes Bild entsteht, muss die _Gegenstandsweite_ kleiner als die _Brennweite_ der Linse sein. Schaut man dann von der gegenstandsabgewandten Seite durch die Linse, sieht man ein vergrößertes _Bild_ des Gegenstands. Es ist _aufrecht_ und nicht _auffangbar_ . Solche Bilder nennt man _virtuell_ .

b Konstruiere das virtuelle Bild des Käfers, das Paul durch die Lupe sieht.

c Beschreibe, wie Paul vorgehen muss, damit er den Käfer noch größer sieht.

Er muss die Lupe noch näher an den Käfer halten.

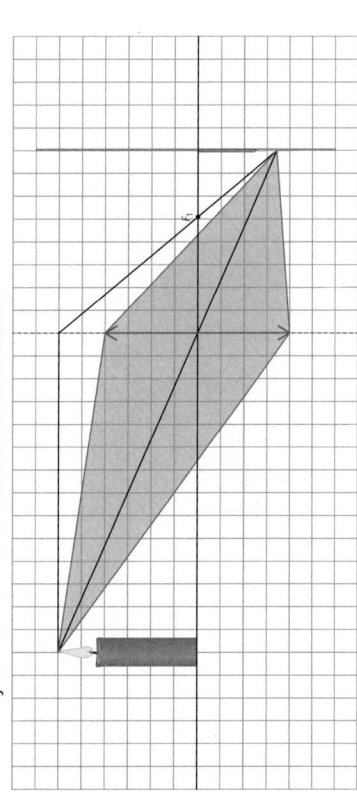

Optische Geräte

Fotoapparat

Tipp: Verwende für die folgenden Zeichnungen Bleistift und Holzfarbstifte. Drücke bei farbigen Markierungen nur leicht auf das Papier, damit die Zeichnung übersichtlich bleibt. Zeichne zunächst dünn mit Bleistift vor, wenn du dir nicht sicher bist.

Zwei Schachfiguren sollen mit dem Objektiv eines Fotoapparats abgebildet werden. Das Objektiv besitzt eine Brennweite von 20 mm.

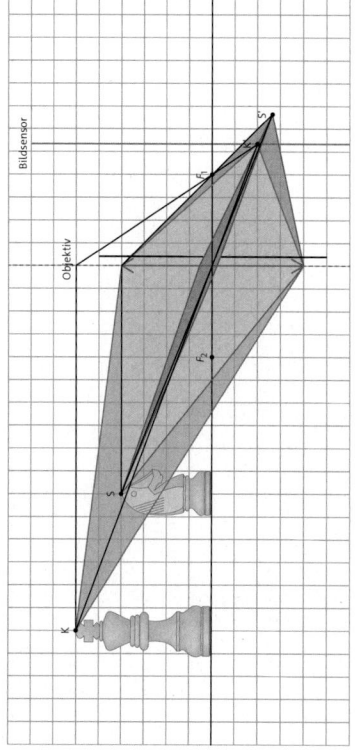

a Wo muss sich der Bildsensor befinden, damit der König scharf abgebildet wird. Ermittle die Lage des Bildsensors, indem du den Bildpunkt K' konstruierst. Zeichne dann den Bildsensor als vertikale Linie ein.

Gib die Bildweite $b_{König}$ an: $b_{König} =$ <u>2,7 cm</u> .

b Zeichne mit grüner Farbe das gesamte Lichtbündel ein, das vom Punkt K das Objektiv durchdringt und auf die Bildebene trifft.

c Konstruiere nun für die gleiche Position des Objektivs den Bildpunkt S' und markiere mit blauer Farbe das gesamte Lichtbündel, das vom Punkt S aus durch das Objektiv verläuft und auf den Bildpunkt S' trifft.

d Erkläre, warum das Bild des Springers auf dem Bildsensor unscharf erscheint.

Auf dem Bildsensor werden große Lichtflecken abgebildet, die sich überlagern und
zusammen ein unscharfes Bild ergeben.

e 2,0 mm hinter dem Objektiv befindet sich eine Blende, deren Öffnungsdurchmesser auf 4,0 mm eingestellt wird. Zeichne diese Blende in das Bild. Zeichne nun mit roter Farbe das Lichtbündel ein, das jetzt vom Gegenstandspunkt S zum Bildpunkt S' verläuft. Erkläre, warum das Bild des Springers bei kleiner Blendenöffnung schärfer auf dem Bildsensor erscheint.

Die Lichtflecken, die auf dem Bildsensor erscheinen, sind nun viel kleiner.
Die Überlagerung aller Lichtflecken führen zu einem schärferen Bild.

Die Linse im folgenden Bild stellt das Linsensystem des Auges dar. Vier gleich große Kerzen stehen in unterschiedlichen Abständen vor dem Auge.

2 Auge

a Konstruiere die Bildpunkte A' – D'.

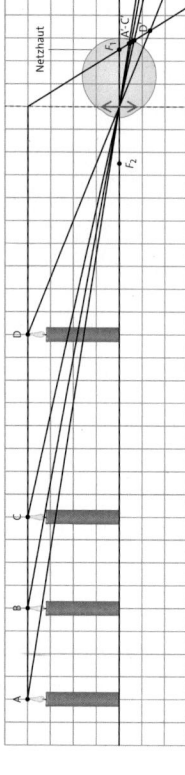

b Beschreibe die Lage der Bildpunkte.

Die Bildpunkte A' – C' liegen sehr nahe beieinander und nahezu in der Brennebene der
Linse. Der Bildpunkt D' liegt deutlich außerhalb der Brennebene der Linse und hinter
der Netzhaut.

c Auch nahe Gegenstände wie die Kerze D können scharf auf der Netzhaut abgebildet werden. Beschreibe und benenne den Vorgang im menschlichen Auge, der dies ermöglicht.

Die Linse wird stärker gewölbt. Ihre Brennweite nimmt dadurch ab. Der Bildpunkt D
erscheint dann auf der Netzhaut. Der Vorgang heißt Akkommodation.

d Im höheren Alter verringert sich die Elastizität der Augenlinse so, dass sie nicht mehr so stark gewölbt werden kann. Beschreibe das benötigte Hilfsmittel, um nahe Gegenstände zu sehen. Begründe deine Antwort.

Man benötigt eine Brille mit Sammellinse. Mit einer Sammellinse wird die Brennweite
des gesamten Linsensystems verkleinert.

3 Fernrohr

Das Bild zeigt den Weg des Lichts eines weit entfernten Gegenstands in einem Fernrohr.

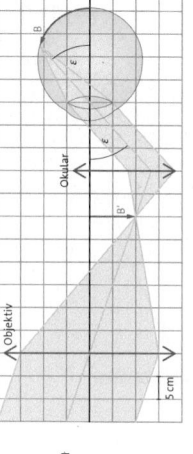

a Zeichne das Objektiv, das Okular, das Zwischenbild B' und den Sehwinkel ε an der richtigen Stelle ein.

b Gib die Brennweite von Objektiv und Okular an. (Beachte den Maßstab)

$f_{Objektiv} = 30\ cm,\ f_{Okular} = 10\ cm$

Prüfungsvorbereitung

Brennglas

1 Mit einem Brennglas kann man an einem sonnigen Tag ein Feuer entzünden. Zeichne in das Kästchen die notwendige Linse mit dem vereinfachten Symbol ein, Zeichne dann den Weg des Lichts vor und nach dem Brennglas ein.

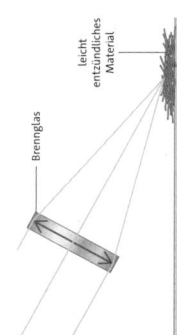

Brennglas

leicht entzündliches Material

Fotoapparat

2 Das nebenstehende Bild zeigt einen Fotoapparat.

a ☐ Benenne die für die Bildentstehung wichtigen Bauteile, die sich an der jeweils bezeichneten Stelle befinden.

1: *Objektiv*   2: *Verschluss*   3: *Bildsensor*

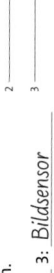

Blende

b ☑ Ein Fotograf möchte schnell fahrende Autos bei normaler Helligkeit scharf abbilden. Beschreibe die Einstellungen an seinem Fotoapparat, die er wählen muss. Entscheide, ob die Schärfentiefe bei der Aufnahme groß oder klein ist, und beschreibe, worin sich dies im Bild äußert.

Der Fotograf muss eine kurze Belichtungszeit und eine große Blendenöffnung wählen.

Die Schärfentiefe ist bei dieser Aufnahme aufgrund der großen Blendenöffnung gering.

Das äußert sich darin, dass das Auto scharf und der Hintergrund unscharf erscheinen.

Aufnahme einer Blume

3 Ein Fotoapparat hat ein Objektiv mit einer Brennweite von 28 mm. Er ist so eingestellt, dass eine 10 cm entfernte Blume scharf auf dem Bildsensor abgebildet wird.

a ☑ Konstruiere das Bild der Blume mithilfe der Hauptstrahlen. Beschrifte die Hauptstrahlen mit den Fachbegriffen.

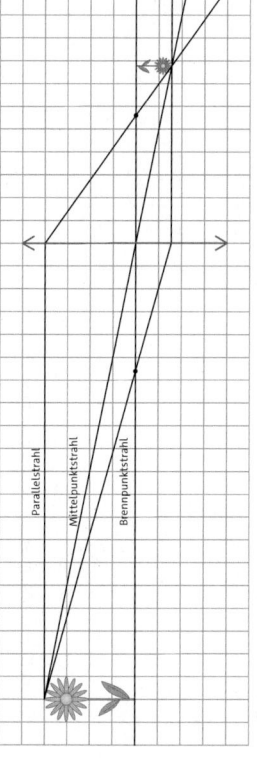

Parallelstrahl

Mittelpunktstrahl

Brennpunktstrahl

b ☑ Beschreibe, was geschieht, wenn die Gegenstandsweite kleiner als 28 mm wird. Gib dafür eine Erklärung.

Dann entsteht kein scharfes reelles Bild auf dem Bildsensor. Mittelpunktstrahl und

Brennpunktstrahl schneiden sich nicht mehr in einem Punkt.

Auge und Fehlsichtigkeit

4 Das menschliche Auge hat einen ähnlichen Aufbau wie ein Fotoapparat.

a ☐ Ergänze die Tabelle so, dass die sich entsprechenden Bestandteile nebeneinanderstehen.

Fotoapparat	Auge
Blende	*Pupille*
Objektiv	*Linsensystem*
Bildsensor	*Netzhaut*

b ☑ Eine Person betrachtet eine Stecknadel aus geringem Abstand. Konstruiere den Bildpunkt P' und entscheide, welche Fehlsichtigkeit vorliegt. Begründe.

Die Person ist weitsichtig.

Ihr Augapfel ist zu kurz,

sodass das scharfe Bild des

nahen Gegenstands hinter

der Netzhaut liegt.

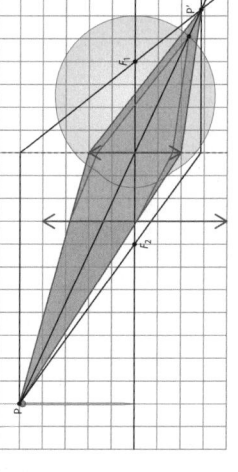

c ☑ Zeichne farbig das Lichtbündel ein, das vom Punkt P ausgeht, die Augenlinse durchdringt und auf den Bildpunkt P' trifft.

d ☑ Beschreibe und erkläre, wie die Fehlsichtigkeit durch eine Brille korrigiert wird. Ergänze dazu die Zeichnung.

Zur Korrektur der Weitsichtigkeit wird eine Sammellinse verwendet. Dadurch läuft das

divergente Lichtbündel des nahen Gegenstandspunkts vor dem Auge weniger weit

auseinander. Der Bildpunkt P' liegt dann auf der Netzhaut. Dadurch erscheint das

Bild der Stecknadel scharf auf der Netzhaut.

Fernrohr

5 Du sollst ein Fernrohr mit möglichst starker Vergrößerung bauen. Dir stehen Sammellinsen mit folgenden Brennweiten zur Verfügung: $f = 50$ mm; $f = 100$ mm; $f = 300$ mm; $f = 500$ mm.

a ☑ Erstelle eine Skizze, die den Aufbau des Fernrohrs wiedergibt. Mache darin deutlich, welche der genannten Linsen in welcher Weise angeordnet sein müssen, und beschrifte Objektiv und Okular.

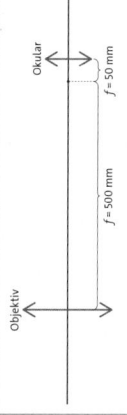

Objektiv

Okular

$f = 500$ mm

$f = 50$ mm

b ☑ Beschreibe jeweils die Aufgaben von Objektiv und Okular.

Das Objektiv hat die Aufgabe, ein Zwischenbild vom Gegenstand zu erzeugen.

Das Okular dient dazu, den Sehwinkel zu vergrößern, unter dem das Zwischenbild

des Gegenstands betrachtet wird.

Eigenschaften und Herstellung von Magneten

Ferromagnetische Stoffe

1 Im Buchstabenrätsel sind drei ferromagnetische Stoffe versteckt. Finde ihre Namen und notiere sie.

Eisen

Nickel

Kobalt

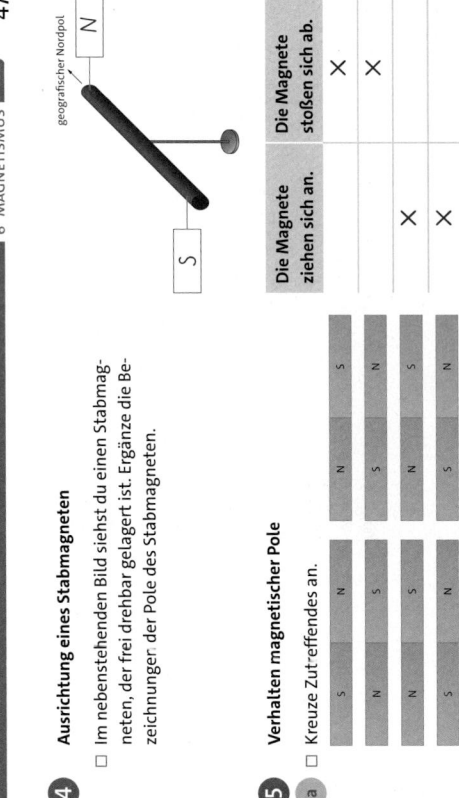

I	A	K	U	P	F	E	R
Z	G	N	T	W	K	C	Z
I	E	I	S	E	N	M	E
N	V	C	W	A	S	S	E
K	E	K	O	B	A	L	T
U	Q	E	L	A	L	S	J
W	X	L	O	U	Z	P	K

Eigenschaften von Magneten – richtig oder falsch?

2 a) Kreuze jeweils an, ob die Aussage richtig (r) oder falsch (f) ist.

	Aussage	r	f
1	Die Pole eines Magneten werden Plus- und Minuspol genannt.		X
2	Die gleichnamigen Pole zweier Magnete ziehen sich an.		X
3	Die Pole eines Magneten sind verschieden.	X	
4	Die magnetische Anziehung tritt auch ohne direkten Kontakt auf.	X	
5	Mit der Entfernung nimmt die magnetische Kraftwirkung eines Magneten ab.	X	

b) Formuliere die falschen Aussagen aus Aufgabenteil **a** so um, dass sie stimmen.

1: Die Pole eines Magneten heißen Nord- und Südpol.

2: Die gleichnamigen Pole zweier Magnete stoßen sich ab.

Die Kraft eines Magneten

3 a) Beschreibe, was du auf dem nebenstehenden Bild sehen kannst.

An dem Ende des Magneten hängen 5 Nägel.

Weiter innen hängen nur noch 3 und in der Mitte hängt

nur ein Nagel.

b) Formuliere eine passende Schlussfolgerung. Verwende dabei folgende Begriffe:

Kraftwirkung • am stärksten • indifferente Zone • Pole.

Die Kraftwirkung eines Magneten ist am stärksten an seinen Polen.

Der Bereich zwischen den Polen heißt indifferente Zone.

Ausrichtung eines Stabmagneten

4 Im nebenstehenden Bild siehst du einen Stabmagneten, der frei drehbar gelagert ist. Ergänze die Bezeichnungen der Pole des Stabmagneten.

geografischer Nordpol — N / S

Verhalten magnetischer Pole

5 a) Kreuze Zutreffendes an.

	Die Magnete ziehen sich an.	Die Magnete stoßen sich ab.
		X
		X
	X	
	X	

b) Vervollständige den Merksatz für das Verhalten der Magnetpole.

Gleichnamige Magnetpole *stoßen einander ab* und *ungleichnamige*

Magnetpole *ziehen einander an*.

Schraubenkette

6 Werden Schrauben nacheinander an einen Magneten gehängt, entsteht eine Schraubenkette.

a) Erkläre, wieso die Schrauben aneinanderhaften. Benutze für deine Erklärung folgende Wörter:

Nähe • magnetische Kraftwirkung • magnetische Influenz • selbst • Magnet.

In der Nähe eines Magneten werden die Schrauben selbst zu Magneten,

dies nennt man magnetische Influenz.

b) Zeichne jeweils den Nord- und den Südpol jeder Schraube ein.

Dauerhafte Magnetisierung

7 Fülle die Lücken im Text, benutze dafür folgende Wörter:

Weicheisen • dauerhaft • kurzzeitig • Überstreichen • Dauermagnete • Stahl • magnetisiert.

Hartmagnetische Stoffe wie *Stahl* können im Gegensatz zu *Weicheisen*

durch mehrmaliges *Überstreichen* mit einem Magneten *dauerhaft magnetisiert*

werden. Man nennt sie dann *Dauermagnete*.

48   6 MAGNETISMUS

Elementarmagnete und Magnetfeld

1

a) Modell zum Aufbau ferromagnetischer Körper

Beschreibe, wie wir uns den Aufbau ferromagnetischer Körper im unmagnetisierten und im magnetisierten Zustand in der Modellvorstellung vorstellen.

Wir stellen uns vor, dass ferromagnetische Körper aus kleinen Elementarmagneten bestehen, die selbst jeweils einen Nord- und Südpol besitzen. In einem unmagnetisierten ferromagnetischen Körpern sind die Elementarmagnete in bestimmten Bereichen gleichsinnig ausgerichtet. Ihre Wirkung hebt sich nach außen hin auf. Beim Magnetisieren werden die Elementarmagnete überall gleichsinnig ausgerichtet, so dass alle Nord- und Südpole der Elementarmagnete jeweils in die gleiche Richtung zeigen.

Julia: *Wenn ich einen Stabmagneten in der Mitte zerbreche, dann erhalte ich einen Nordpol-Magneten und einen Südpol-Magneten.*

b) Bewerte die Aussage mithilfe des Modells vom inneren Aufbau ferromagnetischer Körper.

Die Aussage ist falsch, da jeder Magnet aus vielen Elementarmagneten besteht, die selbst wiederum einen Nord- und einen Südpol haben. Zerbricht man einen Stabmagneten, erhält man zwei Magnete mit jeweils einem Nord- und einem Südpol.

2 Experimente mit einem Stabmagneten

a) Die beiden Bilder zeigen zwei Versuche mit einem Stabmagneten. Beschreibe jeweils, was im Versuch gemacht wird und welche Auswirkung dies für den Stabmagneten hat.

Ein Stabmagnet wird in die Flamme   *Auf einen Magneten wird mit einem*
eines Gasbrenners gehalten.   *Hammer eingeschlagen.*
Der Stabmagnet wird durch starkes   *Durch die Erschütterung wird der*
Erwärmen entmagnetisiert.   *Magnet entmagnetisiert.*

b) Was geschieht mit den Elementarmagneten des Stabmagneten in den beiden Versuchen? Kreuze die richtigen Antworten an.

○ Die Elementarmagnete werden dabei zerstört.
⊗ Die Elementarmagnete richten sich so aus, dass sich ihre Wirkung nach außen aufhebt.
⊗ Die Elementarmagnete geraten in Unordnung.
○ Alle Elementarmagnete richten sich gleichsinnig in eine neue Richtung aus.

---

6 MAGNETISMUS   49

3 Feldlinienbilder zeichnen

Zeichne die Feldlinienbilder der folgenden Magnete:

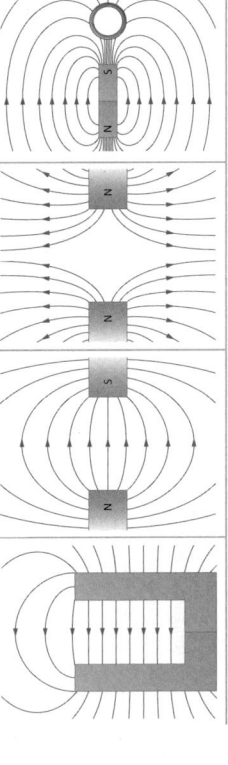

4 Ein fehlerhafter Text über Feldlinienbilder

a) Streiche Falsches durch und schreibe die Sätze so um, dass richtige Aussagen entstehen.

Magnetische Feldlinienbilder lassen sich mithilfe von ~~Kupferspänen~~ herstellen. Dabei werden die Späne in der Nähe von Magneten durch ~~Magie~~ selbst zu Magneten. Späne, die auf einer Linie liegen, ~~stoßen sich gegenseitig ab~~. Späne, die auf benachbarten Linien liegen, ~~ziehen sich an~~.

Magnetische Feldlinienbilder lassen sich mithilfe von Eisenspänen herstellen. Dabei werden die Späne in der Nähe von Magneten durch magnetische Influenz selbst zu Magneten. Späne, die auf einer Linie liegen, ziehen sich gegenseitig an. Späne, die auf benachbarten Linien liegen, stoßen sich ab.

b) Tom sagt: „Die Linien aus Eisenspänen um einen Magneten sind die Feldlinien." Erkläre Tom, warum seine Aussage nicht richtig ist, indem du auf den Modellcharakter der Feldlinien eingehst.

Feldlinien sind Modellvorstellungen, es gibt sie nicht wirklich. Feldlinien werden so dargestellt, dass sie Auskunft geben über Richtung und Betrag der magnetischen Kraft im Raum um einen Magneten. Feldlinien veranschaulichen somit die Struktur von Magnetfeldern. Der Verlauf der so gezeichneten Feldlinien entspricht weitestgehend der Anordnung der Eisenspäne um einen Magneten.

Prüfungsvorbereitung

Eigenschaften von Magneten

1

a □ Kreuze an, welche Aussage einen Magneten am besten beschreibt.
- ○ ein Gegenstand, der andere Gegenstände anzieht
- ⊗ ein Gegenstand, der Eisen, Nickel oder Kobalt anzieht
- ○ ein Gegenstand, der von Ferne schon Kräfte ausübt
- ○ ein Gegenstand, der Gegenstände aus Eisen abstößt

b □ Zeichne entweder anziehende (→ ←) oder abstoßende (← →) Kraftwirkung zwischen die dargestellten Stabmagnete. Formuliere dazu auch eine Merkregel.

Gleichnamige Magnetpole stoßen einander ab, ungleichnamige ziehen einander an.

Magnet zerbrechen

2

a □ Der Magnet im Bild wird zerbrochen. Male die Bruchstücke so aus, dass ihre Polung richtig wiedergegeben wird.

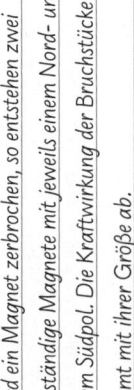

b ■ Beschreibe nun in Worten, was passiert, wenn ein Magnet zerbrochen wird.

Wird ein Magnet zerbrochen, so entstehen zwei vollständige Magnete mit jeweils einem Nord- und einem Südpol. Die Kraftwirkung der Bruchstücke nimmt mit ihrer Größe ab.

c ■ Gib eine Erklärung dafür. Gehe dazu auf den Aufbau eines ferromagnetischen Körpers ein.

Alle ferromagnetischen Körper bestehen aus Elementarmagneten, die selbst wiederum einen Nord- und einen Südpol besitzen.

Magnetische Influenz

3 ■ Beschreibe, was man unter magnetischer Influenz versteht, und erkläre das Phänomen mithilfe der Modellvorstellung.

Ein ferromagnetischer Stoff wird in der Nähe eines Magneten selbst zu einem Magneten. Beim Annähern des Magneten richten sich die Elementarmagnete im Inneren des ferromagnetischen Stoffs einheitlich aus, sodass er selbst zu einem Magneten wird.

Feldlinienbilder

4

a ■ Im Bild siehst du ein Muster aus Eisenspänen, das durch Magnete entstanden ist. Kreuze Zutreffendes an.

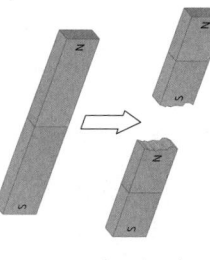

- ⊗ Eine Kompassnadel richtet sich entlang der Eisenspäne aus.
- ○ Die beiden Pole sind magnetische Monopole.
- ⊗ Die Magnete ziehen einander an.
- ○ Mit Kupferspänen ergibt sich ein ähnliches Muster.

b ■ Feldlinien sind Modellvorstellungen. Erkläre den Nutzen dieser Modellvorstellung.

Feldlinien veranschaulichen die Struktur von Magnetfeldern. Sie geben Auskunft über die Richtung und den Betrag der magnetischen Kraftwirkung im Raum um einen Magneten.

c ■ Nenne mindestens drei Aspekte, die beim Zeichnen von Feldlinien zu beachten sind.

Feldlinien verlaufen außerhalb des Magneten immer vom Nordpol zum Südpol. Je größer der Betrag der magnetischen Kraftwirkung an einer Stelle im Raum ist, umso dichter zeichnet man die Feldlinien an dieser Stelle. Feldlinien sind immer geschlossen. Feldlinien schneiden oder berühren sich nie.

d ■ Ein Eisenring liegt neben einem Stabmagneten. Zeichne das Feldlinienbild des Stabmagneten innerhalb des Rechtecks. Zeichne zusätzlich an die Punkte A, B und C die Ausrichtung frei drehbarer Magnetnadeln:

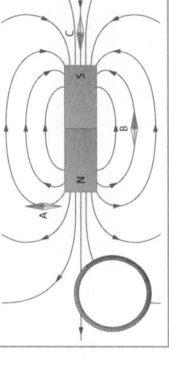

Erdmagnetfeld

5 ■ Zeichne in das Bild die Rotationsachse der Erde ein und beschrifte alle Pole (magnetische und geografische). Skizziere dann das Magnetfeld der Erde.

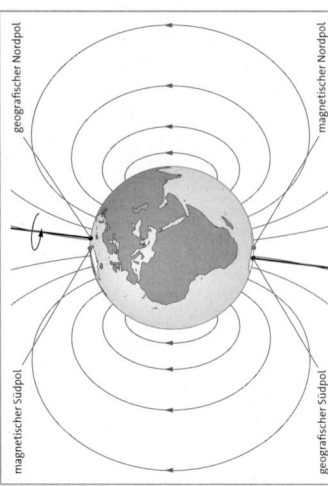

geografischer Nordpol

magnetischer Nordpol

magnetischer Südpol

geografischer Südpol

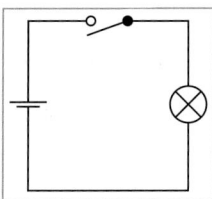

Elektrische Stromkreise

1 Merksatz

☐ Vervollständige den Merksatz.

Ein elektrischer Stromkreis ist eine Verknüpfung aus _Elektrizitätsquelle_ , _Verbindungsleitungen_ und _Verbindungsleitungen_ . Damit ein elektrisches Gerät funktioniert, muss es mit der korrekten _Spannung_ betrieben werden. Diese lässt sich anhand der Aufschrift seiner _Betriebsdaten_ erkennen.

2 Sicherheitsregeln

a ☐ Formuliere eine Sicherheitsregel für das Experimentieren mit elektrischen Stromkreisen im Physikunterricht. Nutze die vorgegebenen Begriffe.

Benutze • regelbare Elektrizitätsquellen • Batterien • Steckdosen

Benutze nur regelbare Elektrizitätsquellen oder Batterien. Führe Versuche nie an Steckdosen durch!

b ■ Ali sagt: „Bevor man bei einem Elektrounfall Erste Hilfe leistet, muss man sicherstellen, dass man sich nicht selbst gefährdet." Beschreibe, was Ali mit dieser Aussage meint.

Bei einem Elektrounfall darf man die verletzte Person erst berühren, wenn der Stromkreis durch einen Schalter, eine Sicherung oder einen gezogenen Stecker unterbrochen wurde. Ansonsten bringt man sich selbst in Gefahr.

3 Schaltpläne zeichnen

■ Zeichne unter die folgenden Stromkreise den zugehörigen Schaltplan:

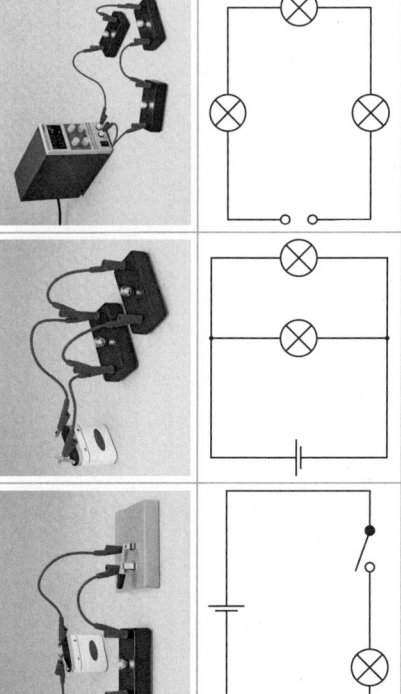

4 Toms Stromkreis

Tom will eine Gartenlampe mit einer Batterie betreiben. Er erstellt dafür den nebenstehenden Schaltplan.

a ■ Bewerte Toms Stromkreis.

Tom sollte den Stromkreis nicht so aufbauen, denn er enthält einen Kurzschluss.

b ■ Beschreibe, was passiert, wenn Tom den Schalter schließt.

Das Lämpchen wird nicht leuchten und die Verbindungsleitungen werden sehr heiß.

c ■ Beschreibe, wie du die Schaltung verändern würdest, und erstelle einen neuen Schaltplan unter Toms Plan.

Ich würde die Verbindungsleitung mit dem Schalter entfernen und den Schalter an einer anderen Stelle einbauen.

5 Buchstabenrätsel

☐ Im Buchstabenrätsel sind sieben physikalische Begriffe zum Thema Elektrischer Strom versteckt. Finde sie und notiere die Begriffe.

H	W	J	B	K	X	G	H	J	K	O	P
X	S	P	A	N	N	U	N	G	H	Z	K
V	O	L	T	D	V	B	J	K	W	J	L
D	J	S	T	R	O	M	K	R	E	I	S
M	L	K	E	Q	W	F	G	U	I	J	D
C	U	R	Z	S	C	H	L	U	S	S	
F	T	I	Q	F	E	O	E	E	P	L	D
N	G	L	E	K	M	D	Q	B	B	E	I
M	S	C	H	A	L	T	E	R	M	O	P

BATTERIE, SPANNUNG, VOLT, STROMKREIS, KURZSCHLUSS, SCHALTER, LED

Elektrischer Strom – Wo er fließt und was er macht

Merksatz

1

☐ Vervollständige den Merksatz.

Alle _Metalle_ sind gute elektrische Leiter. Glas, Keramik und Kunststoffe sind _Isolatoren_ . _Flüssigkeiten_ können sowohl Leiter als auch Nichtleiter sein, wohingegen _Gase_ in der Regel Isolatoren sind. Bei _hohen Spannungen_ können Gase unter bestimmten Voraussetzungen zu Leitern werden. Der menschliche Körper ist ein _Leiter_ . Der elektrische Strom hat in metallischen Leitern und Graphit eine starke _Wärmewirkung_ , in Flüssigkeiten eine _chemische Wirkung_ und in Gasen eine _Leuchtwirkung_ . Der elektrische Strom verursacht immer ein _Magnetfeld_ , dass bei ferromagnetischen Stoffen eine _magnetische_ Kraftwirkung hervorruft.

Wirkungen des elektrischen Stroms

2

a Nenne jeweils die Wirkung des elektrischen Stroms, die gezeigt ist.

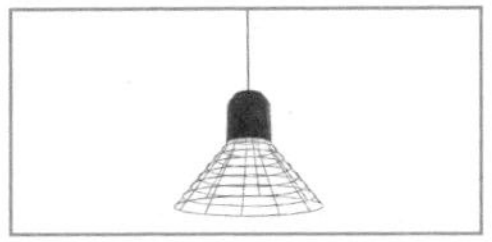

Leuchtwirkung   _magnetische Wirkung_ 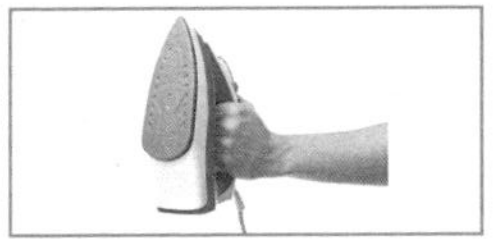   _Wärmewirkung_

b Finde die 6 elektrischen Geräte im Buchstabenrätsel und ordne sie den Wirkungen zu.

E	R	W	J	B	K	O	T	H	B	C	N	P
F	V	E	L	E	K	T	R	O	L	Y	S	E	K
K	H	D	U	Z	Q	O	A	J	D	V	O	L
P	E	H	E	I	Z	K	I	S	S	E	N	S
L	H	E	I	Z	L	Ü	F	T	E	R	W	D
I	U	C	K	M	N	T	C	E	D	Z	F	N
S	C	H	R	O	T	T	K	R	A	N	F	H
W	E	N	D	S	C	V	J	Ö	P	Q	E	R	I
C	X	M	G	L	I	M	M	L	A	M	P	E	T

Wärmewirkung: _Toaster, Heizkissen_   Magnetische Wirkung: _Schrottkran_
Leuchtwirkung: _Neonröhre, Glimmlampe, LED_

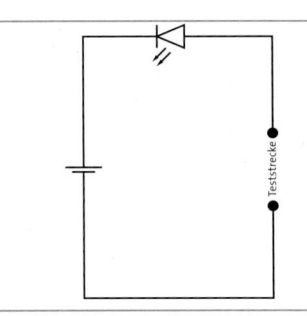 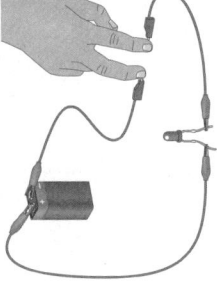

3 Untersuchung vom Gegenständen auf ihre Leitfähigkeit

In einem Versuch sollen Stoffe, entsprechend der nebenstehenden Skizze, auf ihre elektrische Leitfähigkeit untersucht werden.

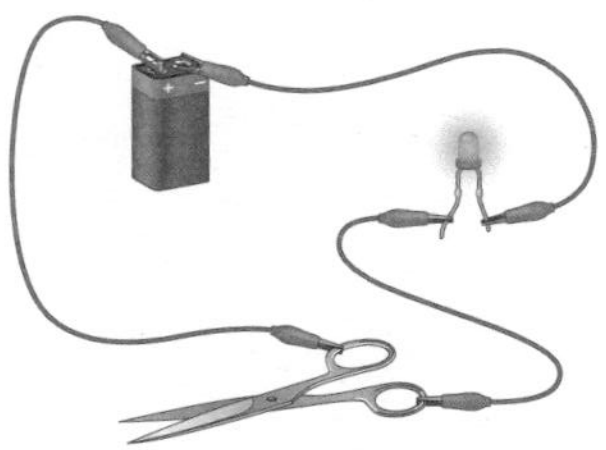

a ☐ Benenne die im Versuch benötigten Bauteile.

Blockbatterie, 3 Experimentierkabel;
LED-Lämpchen, Testgegenstände

b ☑ Zeichne eine passende Schaltskizze in das nebenstehende kästchen.

c ☑ Kreuze an, bei welchen Gegenständen die Lampe leuchten wird.

Untersuchter Gegenstand	Lampe leuchtet
Schere	X
Radiergummi	
Bleistiftmine	X
Alufolie	X
Kupfermünze	X
Glas mit Salzwasser	X
Glas mit Zuckerwasser	

d ■ Entscheide, ob die Lampe leuchten wird, wenn der Stromkreis wie im nebenstehenden Bild geschlossen wird. Begründe deine Antwort.

Die Lampe wird leuchten. Der menschliche Körper
besteht zum großen Teil aus salzhaltigem Wasser.
Aus diesem Grund leitet der menschliche Körper
den elektrischen Strom.

4 Haartrockner in Hotels

■ Manche Hotels haben fest eingebaute Haartrockner im Bad. Die Kabel dieser Geräte sind so kurz, dass sie nicht bis zur Badewanne reichen. Begründe die Maßnahme aus physikalischer Sicht.

Durch die Maßnahme soll verhindert werden, dass sich Gäste in der Badewanne die
Haare trocknen oder der Haartrocknern in die gefüllte Badewanne fällt. Würde der
Haartrockner feucht werden, bestünde die Gefahr eines tödlichen Stromschlags.

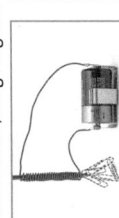 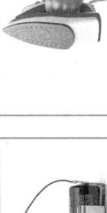

Teststrecke

56

7 ELEKTRISCHER STROMKREIS

Prüfungsvorbereitung

1 **Bauteile eines Stromkreises**

☐ Benenne die Bauteile im abgebildeten Stromkreis.

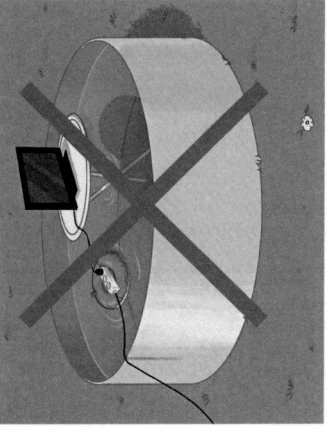

1: *Elektrizitätsquelle*

2: *Experimentierkabel*

3: *Schalter*

4: *Glühlämpchen*

2 **Lebensgefährliche Idee**

Das nebenstehende Bild zeigt die Verkabelung von Herrn Lebensmüde für seinen Fernseher im Swimmingpool.

a ■ Erkläre, warum von dieser Situation eine tödliche Gefahr für Herrn Lebensmüde ausgeht und auf keinen Fall nachgemacht werden darf.

Da Wasser ein elektrischer Leiter ist, könnte ein Schwimmer Teil des Stromkreises werden.

Hohe elektrische Spannungen sind lebensgefährlich.

b ☑ Begründe, warum die Idee trotz vorhandenem Fehlerstrom-Schutzschalter lebensgefährlich ist.

Auch ein FI-Schalter garantiert keinen absoluten Schutz vor Stromunfällen.

3 **Leiter oder Nichtleiter?**

☐ Ordne folgende Stoffe in die Tabelle ein:

Eisen • Kupfer • Plastik • Graphit • Keramik • Holz • Sauerstoff • Salzwasser • Zuckerwasser • Blut.

Leiter	Nichtleiter
Eisen, Kupfer, Graphit, Salzwasser, Blut	*Plastik, Keramik, Holz, Zuckerwasser*

Arbeitsaufträge verstehen

Operator	Was du machen sollst:
Nenne **Gib an**	Notiere Begriffe oder gib Fakten in knapper Form wieder.
Beschreibe **Formuliere**	Gib einen Sachverhalt in ganzen Sätzen genau und ausführlich unter Verwendung der Fachsprache wieder.
Erkläre	Führe eine Funktionsweise oder einen Aufbau auf allgemeine Gesetze zurück oder beschreibe ein beobachtetes Phänomen in der Modellvorstellung.
Begründe	Gib Gründe oder Ursachen für einen Sachverhalt an.
Werte aus	Nutze die einem Versuch gewonnenen Messwerte, um durch eine Rechnung oder ein Diagramm ein Ergebnis zu erhalten.
Deute	Beschreibe was eine grafische Darstellung, eine Formel oder eine Angabe anschaulich bedeutet.
Ermittle **Bestimme**	Komme durch eine Rechnung, eine Zeichnung oder einen Versuch zu einem Ergebnis.
Berechne	Komme durch Rechnung auf ein Ergebnis. Stelle den Rechenweg dar.
Konstruiere **Zeichne**	Erstelle eine exakte und genaue Darstellung eines Sachverhalts.
Skizziere	Erstelle eine einfache und grobe Darstellung, die den Sachverhalt verständlich wiedergibt.
Vergleiche	Beschreibe Gemeinsamkeiten und Unterschiede und stelle sie übersichtlich zum Beispiel in einer Tabelle dar.
Recherchiere **Informiere dich**	Beschaffe Informationen zu einem Thema aus anderen Quellen.
Bewerte **Nimm Stellung**	Entscheide, ob du einer Aussage oder Maßnahme zustimmst oder nicht. Begründe deine Entscheidung mit den im Physikunterricht gewonnenen Erkenntnissen.